INOVAÇÃO E EFICIÊNCIA

EXPLORANDO A LOGÍSTICA REVERSA NO E-COMMERCE

Rodrigo de Cássio da Silva

INOVAÇÃO E EFICIÊNCIA

EXPLORANDO A LOGÍSTICA REVERSA NO E-COMMERCE

Rua Clara Vendramin, 58 :: Mossunguê
CEP 81200-170 :: Curitiba :: PR :: Brasil
Fone: (41) 2106-4170
www.intersaberes.com
editora@intersaberes.com

Conselho editorial
Dr. Alexandre Coutinho Pagliarini
Drª. Elena Godoy
Dr. Neri dos Santos
Mª. Maria Lúcia Prado Sabatella

Editora-chefe
Lindsay Azambuja

Gerente editorial
Ariadne Nunes Wenger

Assistente editorial
Daniela Viroli Pereira Pinto

Preparação de originais
Palavra Arteira Edição e
Revisão de Textos

Edição de texto
Monique Francis Fagundes Gonçalves
Palavra do Editor

Capa
Luana Machado Amaro (*design*)
one photoShutterstock (imagem)

Projeto gráfico
Bruno Palma e Silva

Diagramação
Laís Galvão

Equipe de *design*
Luana Machado Amaro

Iconografia
Regina Claudia Cruz Prestes

Dados Internacionais de Catalogação na Publicação (CIP)
(Câmara Brasileira do Livro, SP, Brasil)

Silva, Rodrigo de Cássio da
 Inovação e eficiência : explorando a logística reversa no e-commerce / Rodrigo de Cássio da Silva. -- Curitiba, PR : InterSaberes, 2024.

 Bibliografia.
 ISBN 978-85-227-0838-3

 1. Administração de material 2. Comércio eletrônico 3. Logística empresarial 4. Logística (Organização) I. Título.

24-204503   CDD-658.78

Índices para catálogo sistemático:
1. Logística : Administração de materiais   658.78

Cibele Maria Dias – Bibliotecária – CRB-8/9427

1ª edição, 2024.
Foi feito o depósito legal.
Informamos que é de inteira responsabilidade do autor a emissão de conceitos.
Nenhuma parte desta publicação poderá ser reproduzida por qualquer meio ou forma sem a prévia autorização da Editora InterSaberes.
A violação dos direitos autorais é crime estabelecido na Lei n. 9.610/1998 e punido pelo art. 184 do Código Penal.

sumário

apresentação   11
como aproveitar ao máximo este livro   17

Capítulo 1
Introdução à logística reversa
1.1 Logística reversa   25
1.2 Canais logísticos diretos e reversos   29
1.3 Níveis e tipos de canais de distribuição   31
1.4 Fluxos logísticos   33
1.5 Diferenças entre a logística tradicional e a logística do comércio eletrônico   35

Capítulo 2
Tipos de logística reversa
2.1 Logística reversa de pós-venda   46
2.2 Logística reversa de pós-consumo   49
2.3 Objetivos estratégicos da logística reversa   53
2.4 Percepção do cliente sobre a logística reversa   58
2.5 Logística reversa de terceira parte   64

Capítulo 3
Legislação ambiental aplicada à logística reversa
   3.1 Legislação básica associada à logística reversa   78
   3.2 A logística reversa e a PNRS   81
   3.3 Legislações do Conama e a logística reversa   85
   3.4 Políticas internacionais sobre logística reversa na Europa   91
   3.5 Políticas internacionais sobre logística reversa nos EUA   93

Capítulo 4
Logística reversa e o e-commerce
   4.1 E-commerce: conceitos, importância, vantagens e desvantagens   104
   4.2 *Supply Chain* no e-commerce   109
   4.3 Canais de distribuição no e-commerce   114
   4.4 Os sete modelos de negócios do e-commerce   118
   4.5 Logística reversa no e-commerce   122

Capítulo 5
Logística reversa e o desenvolvimento sustentável
   5.1 Logística reversa e a norma ISO 14001   137
   5.2 Análise do ciclo de vida do produto (ACVP)   143
   5.3 Logística reversa e a sustentabilidade   146
   5.4 Produção mais limpa (P+L)   148
   5.5 Economia circular   151

Capítulo 6
Logística reversa e as perspectivas futuras
6.1 Os desafios da logística reversa no
e-commerce   164
6.2 Benefícios da logística reversa para
o e-commerce   166
6.3 Mercado internacional da logística reversa   168
considerações finais   177

referências   181
respostas   201
sobre o autor   219

Dedico este livro à minha família.

apresentação

Podemos afirmar que os primeiros fluxos logísticos ocorreram durante os processos migratórios das diferentes espécies humanas que viviam no planeta há milhões de anos. No entanto, também podemos considerar que esses fluxos eram, obviamente, em escala infinitamente menor do que aqueles observados na atualidade. Basicamente, havia o escambo entre as ferramentas de sílex, roupas, alimentos e conchas de cauri. É sempre bom lembrar que nossos ancestrais não usavam dinheiro e, nesse sentido, esse tipo de troca era perfeitamente compreensível (Harari, 2011).

Com o adensamento das cidades e dos territórios, ficou notória a possibilidade de trocas mais amplas e rentáveis. A lei da oferta e demanda passou a ser um fator importante de todo esse processo, e a economia que outrora era baseada em favores e trocas começou a não fazer mais sentido. Então, surgiu o dinheiro tal como o conhecemos e, com ele, a logística (Harari, 2011).

Com o passar dos tempos, os processos logísticos foram se modernizando diante dos grandes desafios impostos pela modernidade e pelas novas tecnologias.

Agora, imagine a seguinte situação: em uma jornada em busca de especiarias, o renomado navegador português Vasco da Gama decide presentear sua amada com um belo vestido e um par de sapatos. Entretanto, ao retornar para casa (muitos e muitos meses depois), percebe que as roupas não se encaixam perfeitamente. Em meio a uma conversa sobre o conforto das vestimentas, Vasco da Gama assegura com gentileza: "Não se preocupe, meu amor. Quando eu voltar lá, farei a troca para você".

Incrivelmente, essa anedota se repete ainda hoje, não é verdade!? Mas e se Vasco da Gama tivesse, em sua época, a possibilidade de trocar o vestido e o par de sapatos apenas se dirigindo a uma agência dos correios e solicitando a troca dos produtos? Talvez isso tivesse evitado dor de cabeça maior.

Brincadeiras à parte, essa pequena fábula nos leva a refletir que a modernidade traz consigo algumas facilidades, como o fato de não precisarmos mais ir a uma loja física, por exemplo, para comprarmos algo que necessitamos ou queremos. Hoje, com alguns cliques e em alguns segundos, podemos adquirir um produto da China, esperar poucos dias para ele chegar, utilizá-lo e verificar se atendeu às nossas expectativas. Se acharmos que não atendeu, verificamos qual é a orientação do varejista para devolver o produto e realizar a troca. Em alguns casos, não precisamos nem sair de casa, pois basta acessar o aplicativo da loja e solicitar que alguém venha buscar a mercadoria. Isso é maravilhoso!

Há alguns poucos anos, isso era praticamente impossível, por diversos motivos: localização dos estoques, dificuldade de transporte, valor das tarifas de importação e exportação, entre outros.

Além disso, certamente você já ouviu a frase: "Satisfação garantida ou seu dinheiro de volta". De acordo com Novaes (2007), há diferentes elementos logísticos fundamentais implicados nessa afirmação para que, de fato, isso funcione:

> *Em primeiro lugar, a entrega do produto do varejista ao consumidor, através do correio ou de uma transportadora, exige um grau de confiabilidade elevado. Se o produto chega ao consumidor violado, quebrado ou faltando partes, ou se há extravios frequentes, o sistema acaba caindo no descrédito. Por isso, para seu bom funcionamento, é necessário um sistema logístico confiável.* (Novaes, 2007, p. 4)

Nesse contexto, o mesmo autor destaca que um grande problema enfrentado no comércio é justamente "o retorno da mercadoria devolvida ao varejista" (Novaes, 2007, p. 4). Nesse caso específico, permito-me, na condição de autor, acrescentar uma segunda questão: o retorno das mercadorias já utilizadas – e agora sem função – ao varejista ou mesmo para algum destino ambientalmente correto.

Portanto, é em razão do crescente volume de produtos devolvidos (por um dos dois motivos mencionados anteriormente) que muitas empresas estão estabelecendo programas de logística reversa (LR). Com isso, essas companhias buscam economias de custo e aumento da eficiência relacionada à recuperação, à redistribuição e ao descarte desses produtos.

Outro aspecto importante atrelado à LR diz respeito ao meio ambiente e aos impactos nele causados.

A humanidade tem usado muito mais recursos naturais do que este planeta é capaz de repor e, com isso, está avançando na exploração dos estoques naturais da Terra, sendo que há recursos não renováveis, como o petróleo. Ademais, o consumo exagerado tem causado grandes impactos ambientais, como a geração de enormes quantidades de resíduos sólidos, rejeitos, resíduos orgânicos e produtos químicos. Cabe acrescentar que a má gestão desses produtos causa sérios danos ao meio ambiente e à população em geral.

A Revolução Industrial acelerou esse processo – assunto que vamos discutir em um dos capítulos deste livro –, por meio do avanço tecnológico e da competição entre todos os setores industriais para atender os mercados consumidores, o que teve como efeito colateral o aumento do consumo e a promoção da ideia de um mundo instantâneo e descartável. Isso vem se revelando como um fato perverso para o meio ambiente e todos os seus habitantes, colocando em xeque a sustentabilidade de nosso planeta, justamente porque a maioria das empresas encarava o meio ambiente inicialmente apenas como um local para a obtenção de matérias-primas e, posteriormente, como um local para descartar seus produtos (Santana, 2018).

Uma das principais armas no combate a esses danos ambientais é a LR. Hoje, a LR tem um escopo mais amplo, além dos processos de devolução de mercadorias. Envolve a reciclagem e o reaproveitamento de materiais contidos em um produto e em sua embalagem, após o término de sua vida útil. Em alguns casos, um produto ainda pode ser reutilizável diretamente, depois da realização de alguma limpeza ou de pequenos ajustes. Em outros casos, os produtos e seus componentes ficam totalmente inutilizáveis e são descartados como lixo. Entretanto, uma grande proporção de produtos e peças usados pode ser reconstruída, remanufaturada ou reciclada para ser usada novamente na fabricação do mesmo produto ou de produtos diferentes.

É importante ressaltar que, para ter sucesso, a LR deve abranger toda a cadeia de suprimentos. Os parceiros comerciais precisam trabalhar juntos para garantir que o processo de LR esteja vinculado a todos os níveis dessa cadeia.

Deixando de ser apenas uma forma de lidar com as devoluções, a LR oferece um método ecologicamente correto de recuperação e reutilização de peças e materiais após o término do ciclo de vida do produto.

De forma bastante inesperada, é possível considerar que a história da LR começou há muito tempo. Sua origem pode ser atribuída ao surgimento de materiais baratos e tecnologias avançadas que acompanharam a Revolução Industrial. Durante esse período, as indústrias ocidentais seguiram uma prática de produção em massa e descarte rotineiro, com pouca preocupação com questões ambientais ou desenvolvimento sustentável. Vários anos depois, a escassez de materiais durante a Segunda Guerra Mundial, impulsionou a remanufatura de peças automotivas e iniciou uma tendência de reciclagem de autopeças que continua até hoje (Nikolaidis, 2013).

Desde o início da década de 1970, por meio dos debates gerados na Conferência de Estocolmo (1972) e, posteriormente, pelas informações publicadas no Relatório de Meadows (*The Limits to Growth*, ou *Os Limites do Crescimento*), argumentava-se que havia um limite para a tendência de crescimento mundial em curso (Meadows et al., 1972). Esses pesquisadores concluíram que, se as tendências de produção e consumo, de poluição e de esgotamento de recursos prevalecentes naquele período continuassem inalteradas, os limites do crescimento populacional e da economia mundial seriam alcançados por volta do ano de 2030. Então, um declínio incontrolável na população e na capacidade industrial seria inevitável. Somente medidas drásticas de proteção ambiental poderiam ser adequadas para mudar esse comportamento e somente nessas circunstâncias a população mundial e a riqueza poderiam permanecer em um nível constante.

Durante as décadas seguintes, esse estudo, bem como a ocorrência de vários desastres ambientais, manteve a mente de acadêmicos, políticos, indústria e sociedade em geral focada em tais questões ambientais. Ainda, o aumento da preocupação social levou ao estabelecimento de novas leis, regulamentos e diretrizes que mudaram a relação entre as empresas e o meio ambiente. A redução da fonte de fornecimento de recursos, a reciclagem e o reaproveitamento foram, na verdade, novos desafios para os profissionais que não haviam se envolvido com essas questões ambientais no passado. Por causa desses novos desafios, a LR se tornou uma nova área de preocupação para a indústria e acadêmicos.

Ao encerrarmos esta apresentação, devemos destacar que o fato de as empresas se envolverem cada vez mais em atividades de reutilização não deve ser atribuído apenas à sensibilidade ambiental ou apenas à legislação para produzir e vender produtos ecológicos. A questão vai além disso! As empresas estão se conscientizando cada vez mais da lucratividade das diferentes atividades de reúso. Nos últimos anos, percebeu-se que os sistemas de recuperação não devem ser considerados como um centro de custo, mas como um centro lucrativo. Assim, a LR é importante para qualquer empresa que esteja preocupada não apenas com as exigências ecológicas e o atendimento ao cliente, mas também com a lucratividade final (Nikolaidis, 2013).

Esta obra, dividida em seis capítulos, tem como principal objetivo auxiliar você, leitor, na compreensão de como a LR se insere nesse importante contexto empresarial, em especial no comércio eletrônico (e-commerce).

No Capítulo 1, apresentaremos conceitos introdutórios da LR. É um capítulo bastante importante para embasar a compreensão dos capítulos posteriores. No Capítulo 2, trataremos dos diferentes canais da LR e de algumas estratégias já empregadas no setor.

No Capítulo 3, abordaremos as legislações brasileiras associadas à LR e, no Capítulo 4, enfocaremos especificamente o comércio eletrônico, assunto central deste livro.

Nos Capítulos 5 e 6, examinaremos algumas questões relacionadas à sustentabilidade e suas ferramentas associadas à LR, bem como as perspectivas futuras e alguns casos de sucesso nesse setor, respectivamente.

Esperamos que este livro possa auxiliá-lo em suas pesquisas e reflexões sobre a LR aplicada ao e-commerce. Desejamos bons estudos e uma excelente leitura.

como aproveitar ao máximo este livro

Empregamos nesta obra recursos que visam enriquecer seu aprendizado, facilitar a compreensão dos conteúdos e tornar a leitura mais dinâmica. Conheça a seguir cada uma dessas ferramentas e saiba como estão distribuídas no decorrer deste livro para bem aproveitá-las.

Conteúdos do capítulo
Logo na abertura do capítulo, relacionamos os conteúdos que nele serão abordados.

Após o estudo deste capítulo, você será capaz de:
Antes de iniciarmos nossa abordagem, listamos as habilidades trabalhadas no capítulo e os conhecimentos que você assimilará no decorrer do texto.

Para saber mais
Sugerimos a leitura de diferentes conteúdos digitais e impressos para que você aprofunde sua aprendizagem e siga buscando conhecimento.

Estudo de caso
Nesta seção, relatamos situações reais ou fictícias que articulam a perspectiva teórica e o contexto prático da área de conhecimento ou do campo profissional em foco com o propósito de levá-lo a analisar tais problemáticas e a buscar soluções.

Curiosidade
Nestes boxes, apresentamos informações complementares e interessantes relacionadas aos assuntos expostos no capítulo.

Síntese
Ao final de cada capítulo, relacionamos as principais informações nele abordadas a fim de que você avalie as conclusões a que chegou, confirmando-as ou redefinindo-as.

Questões para revisão

Ao realizar estas atividades, você poderá rever os principais conceitos analisados. Ao final do livro, disponibilizamos as respostas às questões para a verificação de sua aprendizagem.

Questões para reflexão

Ao propormos estas questões, pretendemos estimular sua reflexão crítica sobre temas que ampliam a discussão dos conteúdos tratados no capítulo, contemplando ideias e experiências que podem ser compartilhadas com seus pares.

Introdução à logística reversa

Conteúdos do capítulo

- Conceitos da logística reversa.
- Tipos de canais e fluxos logísticos.
- Principais diferenças entre a logística do varejo e a do e-commerce.

Após o estudo deste capítulo, você será capaz de:

1. entender os principais conceitos da logística reversa;
2. compreender o funcionamento dos diferentes canais logísticos – diretos e reversos;
3. identificar os diferentes níveis e tipos de canais de distribuição;
4. reconhecer as principais características dos fluxos logísticos;
5. entender as principais diferenças entre a logística tradicional e a logística reversa.

capítulo 1

O mundo gera 2,01 bilhões de toneladas de resíduos sólidos urbanos anualmente, e pelo menos 33% desse montante não é gerenciado de maneira ambientalmente segura (The World Bank, 2020).

Em todo o planeta, a média de resíduos gerados por pessoa por dia é de 0,74 kg, mas varia entre 0,11 kg e 4,5 kg, dependendo da região. Embora representem apenas 16% da população mundial, os países de alta renda geram cerca de 34% da quantidade total de resíduos, ou seja, 683 milhões de toneladas (Figura 1.1) (The World Bank, 2020). O pior é que as projeções para o futuro não são nada animadoras: estima-se que, até 2050, a produção de resíduos cresça mais do que o dobro do crescimento populacional para o mesmo período (The World Bank, 2020).

Figura 1.1 – Geração de resíduos em diferentes regiões do mundo e projeções para 2050

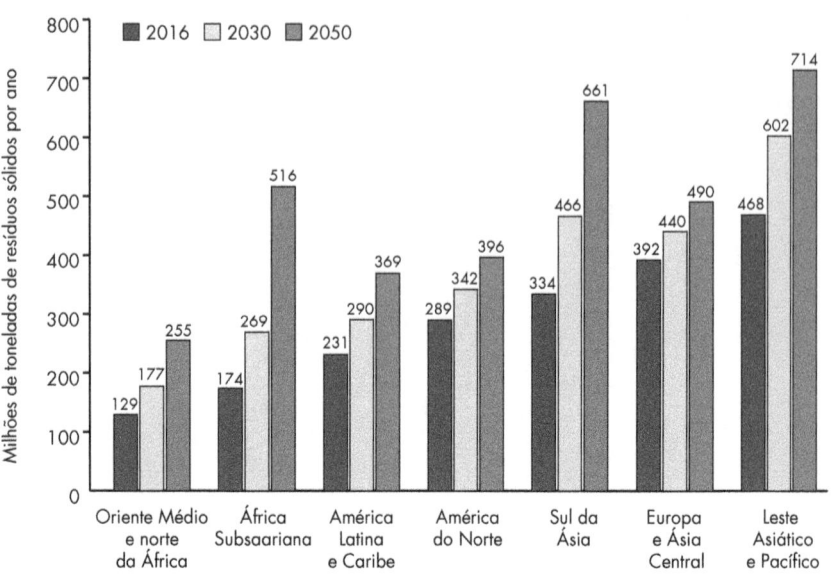

Fonte: The World Bank, 2020, p. 28, tradução nossa.

Com o crescimento da população mundial e as mudanças nos padrões de vida e consumo, desde 1990 a aquisição de uma ampla variedade de produtos vem aumentando globalmente. Assim, podemos afirmar que as indústrias e o crescimento econômico em todo o mundo são igualmente responsáveis pelo consumo de matéria-prima do planeta.

É nesse contexto que a logística reversa (LR) vem ganhando a atenção dos pesquisadores e das indústrias desde a década de 1980. Isso é possível de ser observado em razão da quantidade de pesquisas publicadas sobre LR nos últimos anos e que veremos nos próximos capítulos. Alguns motivos podem explicar esse fato: aumento dos problemas ambientais, implementação de regras e regulamentos governamentais, competitividade das empresas pela sustentabilidade em seus negócios e gerenciamento da imagem perante seus *stakeholders** por meio da responsabilidade social corporativa (Allied Market Research, 2021).

Desde os plásticos e outros materiais que compõem a produção de eletrônicos, por exemplo, até a enorme quantidade de embalagens necessárias para garantir que os produtos cheguem em perfeitas condições aos destinos, o potencial de desperdício é grande e tem um enorme impacto no meio ambiente.

Com o crescimento populacional e o esgotamento dos recursos naturais, a adoção de atividades de LR se torna uma necessidade para todas as organizações.

1.1 Logística reversa

Uma das questões de produção mais significativas em que as empresas se concentram nas últimas décadas diz respeito à qualidade. Isso inclui não apenas a qualidade dos produtos, mas também a qualidade dos serviços e dos processos. À medida que os mercados se tornam cada vez mais competitivos, os clientes ficam cada vez mais cientes de sua importância e esperam que a empresa busque garantir a satisfação das necessidades deles; a qualidade se torna, assim, uma questão crucial para o sucesso do negócio (Nikolaidis, 2013).

A evolução da logística reversa (LR) tem sido notável. Nas últimas décadas, tanto no meio acadêmico quanto no mundo dos negócios, a atenção à LR começou a surgir fortemente. Isso se deve principalmente a: 1) a preocupações ambientais e à busca pela sustentabilidade; 2) à implementação de legislação que dita a produção e a venda de produtos ecologicamente corretos; 3) ao fato de as empresas se tornarem progressivamente cientes da rentabilidade das várias atividades de reúso desses materiais devolvidos.

Primeiramente, é importante destacar que o termo *logística reversa* é definido e reformulado por diversos autores de tempos em tempos. Nesse sentido, não temos a pretensão de esgotar a discussão, tampouco estabelecer algo definitivo. Portanto, mencionaremos diferentes autores e seus diferentes conceitos a fim de ampliar o debate.

---

*   *Stakeholders* são as partes interessadas em uma determinada empresa. Eles podem afetar ou ser afetados pela realização das ações dessa empresa (Lyra; Gomes; Jacovine, 2009).

Ainda, é preciso considerar o conceito de *logística*, o qual Ballou (2006, p. 27) define como "O processo de planejamento, implantação e controle do fluxo eficiente e eficaz de mercadorias, serviços e das informações relativas desde o ponto de origem até o ponto de consumo com o propósito de atender as exigências dos clientes".

É nesse contexto que surge a LR, a qual se torna uma vantagem competitiva ao agregar valor às operações de logística. Essa área está em franca expansão e tem como principal função o reaproveitamento de materiais de modo que eles possam ser utilizados novamente.

Para Mimouni, Abouabdellah e Mharzi (2015), a LR pode ser conceituada como uma atividade reversa em relação ao fluxo de produção convencional. Inicialmente, a LR foi definida nos termos da gestão da recuperação do produto, com vistas a atingir o máximo valor ecológico e financeiro e, ao mesmo tempo, reduzir a quantidade máxima de resíduos (Mimouni; Abouabdellah; Mharzi, 2015).

Kopicki, Berg e Legg (1993) definem a LR como a área relacionada às habilidades e atividades envolvidas na gestão de resíduos, movimentação e descarte de produtos e embalagens. Já para Rogers e Tibben-Lembke (1999), a LR é o processo de planejar, implementar e controlar o fluxo eficiente e econômico de matérias-primas, estoque, produtos e informações desde o ponto de consumo até o ponto de origem, para fins de recuperação de valor ou destinação final adequada. Posteriormente, Fleischmann (2001) definiu a LR como o processo de planejar, implementar e controlar o fluxo de entrada e armazenamento eficiente e eficaz de bens secundários e informações relacionadas, oposto à direção tradicional da cadeia de suprimentos, com o objetivo de recuperar valor e realizar o descarte adequado.

No Brasil, alguns autores se destacam e, entres eles, podemos citar Paulo Roberto Leite, o qual assim define a LR:

> *área da logística empresarial que planeja, opera e controla o fluxo e as informações logísticas correspondentes, do retorno dos bens de pós-venda e de pós-consumo ao ciclo de negócios ou ao ciclo produtivo, por meio dos canais de distribuição reversos, agregando-lhes valor de diversas naturezas: econômico, legal, logístico, de imagem corporativa, entre outros.* (Leite, 2003, p. 16-17)

A LR está contida na cadeia de abastecimento, sendo a primeira parte importantíssima para o bom desempenho da segunda. Uma cadeia de abastecimento sustentável refere-se à gestão de fluxos de materiais, informações e finanças, bem como a cooperação entre empresas ao longo dessa cadeia, que considera simultaneamente as três dimensões do desenvolvimento sustentável: ambiental, social e econômica. De acordo com Nikolaou, Evangelinos e Allan (2013), os três principais elementos de uma cadeia de abastecimento sustentável segundo a abordagem *Triple Bottom Line*[*] são:

1. **Econômico** – Está relacionado à lucratividade da cadeia de suprimentos. O conceito econômico já existia antes do conceito de sustentabilidade e é nisso que a maioria das empresas tem se concentrado. A rentabilidade no contexto da cadeia de abastecimento é essencialmente ligada à redução de custos.
2. **Ambiental** – Refere-se aos impactos de todos os diferentes processos e atividades no meio ambiente.
3. **Social** – As empresas não devem se restringir apenas a ver os benefícios econômicos e ambientais, e sim se esforçar para alcançar os benefícios sociais. Isso implica que as empresas, além de lucrar, devem pensar no cumprimento das necessidades legais, nos princípios éticos e na estima pelas pessoas e comunidades em todas as suas atividades.

Uma empresa pode usar um programa sustentável como uma ferramenta estratégica não apenas para promover a melhoria ambiental, mas também para melhorar a imagem de sua marca, gerar receita, atender seus clientes e reduzir custos de produção.

Um tipo de cadeia de abastecimento sustentável é o *Closed Loop Supply Chain* – CLSC (Cadeia de Abastecimento de Ciclo Fechado), projetado para gerenciar o processo de reciclagem e recuperação de produtos em fim de vida útil (Das; Posinasetti, 2015). De acordo com Guide Jr. e Van Wassenhove (2009), uma CLSC é definida como um sistema projetado para otimizar a geração de valor durante

---

[*] O conceito do *Triple Bottom Line* foi criado pelo sociólogo inglês John Elkington em meados da década de 1990.

todas as fases de vida de um produto, incorporando a recuperação dinâmica de valor proveniente de diversos tipos e volumes de retornos ao longo do tempo.

Uma CLSC geralmente envolve um fabricante cuidando do processo de LR. As mercadorias são devolvidas e recuperadas diretamente pelo fabricante original ou por canais indiretos. Todos os produtos devolvidos são revendidos no mercado primário ou secundário após a disposição necessária. Portanto, a LR e o gerenciamento de CLSC são universalmente reconhecidos como duas práticas ecologicamente corretas que podem ajudar a tornar as cadeias de suprimentos convencionais mais ecologicamente corretas.

Assim, o que pudemos notar até agora é que a LR é um conceito polissêmico, ou seja, de muitos significados, e que varia de acordo com o autor e a época. Neste livro, vamos utilizar o conceito de Leite (2003, p. 16-17), além daquele que está estabelecido na Política Nacional de Resíduos Sólidos (PNRS), da qual trataremos em capítulo posterior.

Desse modo, é importante destacar que uma rede logística bem projetada é a busca ideal pela ecoeficiência, que pode equilibrar a eficiência econômica e ambiental. Ademais, embora negligenciada em diferentes aspectos, as crescentes pressões do mercado estão aumentando a pressão sobre essa área das cadeias de suprimentos.

Um dos maiores benefícios de um processo eficaz de LR é que ele pode fornecer às organizações e às empresas dados valiosos sobre os produtos comercializados. Isso é fundamental para a correção de problemas existentes que podem estar causando a devolução de tais produtos. Processos de logística reversa bem planejados e totalmente implementados são capazes de coletar facilmente dados sobre o motivo das devoluções dos clientes, bem como outros dados úteis, como defeitos comuns de produtos e longevidade.

Portanto, o gerenciamento adequado e simplificado de bens e materiais que percorrem a cadeia de suprimentos pode resultar em perdas reduzidas, bem como em receitas adicionais. Por exemplo, as políticas de devolução personalizadas e a minimização de erros nos processos de devoluções podem economizar perdas relacionadas às próprias devoluções.

Processos eficazes de LR também permitem reduções em várias áreas de custo, que incluem, conforme Leite (2003):

- custos de armazenamento;
- custos de transporte/frete de retorno para entrega e devolução;
- custos de mão de obra, incluindo processamento, reconciliação de crédito, suporte técnico e gerenciamento de fornecedor;
- custos associados a devoluções fraudulentas.

Esses custos de LR muitas vezes estão espalhados por várias seções da cadeia de abastecimento, o que pode fazer com que não sejam tratados e minimizados, uma vez que nenhum departamento ou pessoa é diretamente responsável por eles. Assim, ao desenvolverem um processo eficiente de LR, as empresas podem não apenas reduzir esses custos como também rastreá-los e analisá-los com mais precisão.

Além dos benefícios específicos apontados anteriormente, políticas de LR bem elaboradas podem igualmente fornecer um benefício abrangente na forma de redução de resíduos e adoção de práticas ambientalmente sustentáveis.

1.2 Canais logísticos diretos e reversos

Os canais de distribuição logísticos são aqueles pelos quais os produtos chegam às mãos do cliente e, se for o caso, retornam à mão do fabricante ou a algum destino ambientalmente correto – no caso de descarte. Esses canais podem ser um grupo de indivíduos ou um conjunto de empresas.

Uma das questões mais comuns em relação aos processos logísticos é que muitas pessoas, quando pensam em logística, levam em conta os fluxos que vão apenas desde o ponto de compra de determinado produto até a entrega desse produto ao cliente. De fato, tradicionalmente, essa parte da logística sempre foi considerada como a mais importante.

No entanto, é preciso lembrar que a logística também trata dos fluxos inversos (ou reversos), que se caracterizam pelo retorno da mercadoria ou bem de consumo ao produtor.

De acordo com Batista e Martins (2009), é fundamental destacar a notável distinção entre os canais convencionais de distribuição (canais diretos), que abrangem as várias etapas pelas quais os produtos são comercializados até atingir o consumidor final, e os canais reversos. Estes se concentram, ao contrário, na devolução de uma parte dos produtos comercializados, em virtude de defeitos de fabricação, expiração do prazo de validade, término do ciclo de vida útil ou reintegração de embalagens ao processo produtivo da empresa.

Conforme Batista e Martins (2009), um canal de distribuição logística, em geral, é composto de cinco itens:

1. armazenagem;
2. informação;
3. produto;
4. transporte;
5. cliente.

Tendo em vista especificamente os canais diretos, podemos classificá-los em três tipos:

1. **Canal direto** – A própria empresa é responsável pela distribuição da mercadoria até o cliente final. As empresas de e-commerce usam muito esse tipo de canal, com o apoio apenas de facilitadores.
2. **Canal indireto** – A empresa utiliza intermediários no processo de distribuição, como atacadistas ou varejistas. Os fabricantes e as indústrias contam com lojas para que seus produtos cheguem cada vez mais longe para atender os consumidores.
3. **Canal híbrido** – Há a mescla entre os dois tipos de canais anteriormente descritos, ou seja, a empresa pode atender o cliente com seu processo de distribuição e utilizar os intermediários. Por exemplo, um computador pode ser vendido pela fábrica ou vendido num varejista.

Os canais de distribuição reversos (CDRs), como o próprio nome já indica, são aqueles relacionados ao retorno da mercadoria (ou parte dela) ao fabricante. Em geral, isso se dá pelo fim da vida útil do produto ou por algum outro motivo relacionado à troca ou obsolescência.

Segundo Leite (2003), podemos classificar os canais reversos em abertos e fechados:

- Os **canais reversos fechados**, também conhecidos como *CDRs de ciclo fechado*, são aqueles constituídos por diferentes etapas relacionadas ao retorno da mercadoria pós-consumo. As partes que ainda podem ser reutilizadas desses materiais são incorporadas na fabricação de novos produtos similares ao original. É o caso de baterias de automóveis, latas de alumínio etc.
- Os **canais reversos abertos**, também conhecidos como *CDRs de ciclo aberto*, são aqueles produtos cujas matérias-primas serão retiradas para a produção de novos bens diferentes do original.

Portanto, se levarmos em consideração as cadeias de suprimentos direta e reversa ao mesmo tempo, a rede resultará em uma cadeia de suprimentos em circuito fechado (Figura 1.2).

Figura 1.2 – Cadeia de suprimentos genérica para logística direta e reversa

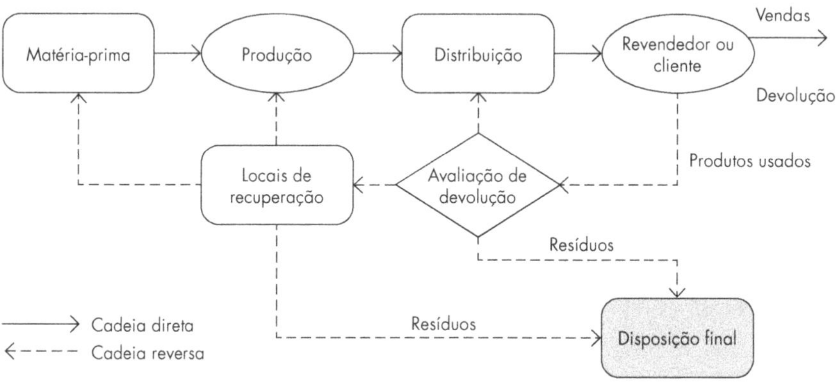

Fonte: Tonanont et al., 2009, p. 2, tradução nossa.

1.3 Níveis e tipos de canais de distribuição

Como vimos anteriormente, "os canais de distribuição têm como principal objetivo garantir a disponibilidade do produto para os clientes" (Sebrae,

2022a). Os níveis de canal de distribuição logística estão diretamente relacionados à quantidade de intermediários que existem no processo. De acordo com o Serviço Brasileiro de Apoio às Micro e Pequenas Empresas (Sebrae, 2022a), esses intermediários podem ser:

- **Varejista** – É responsável pela venda diretamente ao cliente final (lojas, mercados, farmácias etc.).
- **Atacadista** – É aquele que compra a mercadoria e revende ao varejista. Caracteriza-se pela venda em grandes quantidades.
- **Distribuidor** – Caracteriza-se pela venda, pela armazenagem e pela assistência técnica ao atacadista e ao varejista.

Assim, podemos esquematizar a atuação dos intermediários nos níveis de distribuição logística conforme consta na Figura 1.3.

Figura 1.3 – Níveis de distribuição logística e seus intermediários

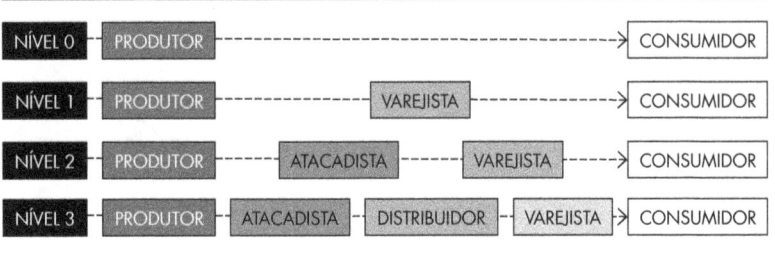

Fonte: Elaborado com base em Hahn, 2021.

De acordo com o Sebrae (2022a), além dos níveis de distribuição, há também três diferentes tipos de distribuição. São eles: 1) distribuição exclusiva; 2) distribuição seletiva; 3) distribuição intensiva.

Na **distribuição exclusiva**, o fabricante seleciona pessoalmente seus revendedores, concedendo-lhes exclusividade na distribuição dos produtos e supervisionando significativamente as operações desses revendedores. Nessa situação, o fabricante opta por vender por meio de um número limitado de intermediários. Geralmente, esse sistema é adotado quando a fidelidade do distribuidor é crucial para a natureza do negócio (Sebrae, 2022a). Um bom exemplo de distribuição exclusiva são as concessionárias de automóveis.

Já a **distribuição seletiva** acontece quando o fabricante opta por comercializar seus produtos por meio de um conjunto específico de intermediários. Essa abordagem é aplicada em situações em que a valorização é essencial para a natureza do negócio. A escolha cuidadosa desses parceiros viabiliza o estabelecimento de relações mais próximas, possibilitando ao fabricante obter uma abrangência eficaz no mercado com maior controle e menor custo (Sebrae, 2022a). Exemplos de distribuição seletiva são roupas de grife e relojoaria.

A **distribuição intensiva** "aplica a lógica do 'quanto mais, melhor', na qual o fabricante vende por meio do maior número de intermediários possível. Esse tipo é utilizado quando uma grande disponibilidade do produto é necessária em um grande número de pontos de venda" (Sebrae, 2022a). Como exemplos, podemos citar alimentos, bebidas e produtos de higiene.

1.4 Fluxos logísticos

A logística e seus fluxos seguem a tendência mundial no que se refere à modernidade e à rapidez. Assim, alguns pontos são cruciais quando abordamos esse assunto:

- eficiência no abastecimento de materiais e insumos ao processo produtivo;
- armazenamento e embalagem desses produtos;
- movimentação e transporte ao longo do processo;
- estoque dos produtos finais para serem entregues ao cliente;
- distribuição aos clientes;
- destinação final dos resíduos ao final da cadeia produtiva.

Ao tratarmos de LR, daremos uma atenção especial ao último item nos capítulos seguintes. A integração de todos esses processos de gestão é denominada *Supply Chain Management* (cadeia de abastecimento integrada).

A afirmação de Bowersox e Closs (2001) de que a logística tem como principal objetivo uma circulação (fluxo) eficaz de mercadorias ao longo do canal de distribuição nos chama a atenção para o conceito de *fluxo*. Para Razzolini Filho e Berté (2013), o fluxo é a movimentação de bens, produtos e matérias-primas ao longo das cadeias apresentadas anteriormente. Os autores subdividem esses fluxos em quatro segmentos:

1. **Fluxo físico** – Está relacionado à movimentação de materiais.
2. **Fluxo financeiro** – Diz respeito à movimentação financeira em função do pagamento dos insumos e materiais.
3. **Fluxo de informações** – Está relacionado à transmissão de dados e informações, dinamizando os dois fluxos anteriores.
4. **Logística reversa (LR)** – Para os autores citados, esse fluxo está inserido nos três anteriores, uma vez que, em razão da nova realidade mundial, todos os fluxos são bidirecionais.

O conhecimento e o domínio dos fluxos logísticos e sua gestão eficaz permitem ao empreendedor ter um melhor controle dos prazos e, consequentemente, dos preços e do tempo, gerando enormes vantagens competitivas. Para isso, são utilizadas ferramentas de mapeamento do fluxo logístico, também denominado *mapeamento de fluxo de valor*.

Esse mapeamento possibilita que se obtenha uma visão geral do processo desde as primeiras etapas, passando pela fabricação e chegada do produto ao cliente e, se for o caso, por sua devolução por meio da LR. Isso tudo, se aplicado de maneira eficiente, gera confiança para o cliente, minimiza o uso de recursos e elimina desperdícios.

Portanto, essas informações nos permitem inferir que qualquer organização deve conhecer muito bem seus fluxos logísticos para que a LR possa ser implementada a contento em seus processos. Além disso, de acordo com Gonçalves e Marins (2004), três aspectos são muito importantes quando da necessidade de implantação da LR: 1) ponto de vista ambiental; 2) ponto de vista econômico; 3) ponto de vista estratégico.

Do ponto de vista ambiental

É preciso considerar o aumento significativo no número de leis que proíbem o descarte inadequado de materiais e exigem a gestão adequada dos resíduos sólidos. Esse aspecto está estreitamente relacionado ao ciclo de vida do produto – tema que abordaremos em outro momento deste livro.

Do ponto de vista econômico

Embora saibamos que existem custos relacionados à implantação do processo, a LR tem trazido vantagens econômicas importantes para as empresas, uma vez que permite o retorno de matéria-prima ao fluxo de produção, gerando economia nesse sentido.

Do ponto de vista estratégico

Do ponto de vista estratégico, busca-se gerar a satisfação do cliente (cuidado no pós-venda) e procura-se evitar o descarte inadequado de materiais que contaminam o meio ambiente, bem como promover a valorização da empresa que tem políticas mais flexíveis de retorno dos produtos (produtos danificados, em fim de vida útil ou mesmo para troca em decorrência da não satisfação do cliente). Certamente, nesse caso, a empresa deve dispor de uma estrutura para isso, fato que é reforçado inclusive pelo Código de Defesa do Consumidor – Lei n. 8.078, de 11 de setembro de 1990 (Brasil, 1990) –, que permite ao comprador/cliente a troca ou a devolução do produto (sem custos) em determinadas situações.

1.5 Diferenças entre a logística tradicional e a logística do comércio eletrônico

A realidade empresarial tem passado por significativas mudanças nos últimos anos. Inúmeros fatores explicam isso: vendas em escala global, clientes diferenciados, busca de novas ferramentas, matérias-primas melhores, mão de obra mais qualificada e, principalmente, inovação tecnológica (Kotler, 2004).

Este último item, quando associado à era da informação e da internet, tem levado as corporações a buscar novas ferramentas adaptativas a essa realidade, visando à satisfação do cliente, que agora passa a ter mais facilidades na compra de produtos atreladas às suas expectativas de rapidez e qualidade.

Assim, os novos negócios devem buscar uma aliança firme entre os processos logísticos tradicionais – visto que ainda haverá necessidade de atividades em meio físico – e os processos logísticos do e-commerce, que se tornam cada vez mais comuns entre os consumidores.

Basicamente, com o advento do comércio eletrônico, há um considerável aumento no número de pedidos (em virtude da disponibilização de mais um canal de compras), um maior alcance de diferentes consumidores em diferentes localidades do planeta e, por conseguinte, maior probabilidade de devolução ou troca de produtos.

Uma das grandes mudanças nesse contexto está relacionada ao surgimento dos novos e diferentes meios de comunicação entre as empresas e o cliente. Redes sociais, por exemplo, são excelentes canais para alcançar clientes que antes seriam quase impossíveis de serem contatados. Tudo isso influencia diretamente nos processos logísticos, já que, com o surgimento dessas ferramentas, há possibilidades de vendas diretas ao cliente sem a necessidade de intermediários, o que pode otimizar os processos e melhorar o lucro (Kotler, 2004).

Apesar disso, a logística do e-commerce não está isenta de desafios, justamente em razão desse novo cliente que deseja rapidez, economia e qualidade, tanto na entrega quanto no produto. Dessa forma, ter um empreendimento na *web*, ou internet, não significa que o empreendedor não terá de planejar o processo logístico; aliás, vale ressaltar que muitos autores – os quais veremos nos próximos capítulos – apontam que esse é um dos principais problemas nesse ramo de negócios (Sebrae, 2022b).

Essa logística no comércio eletrônico tem suas peculiaridades, como horário de funcionamento (24 horas por dia, 7 dias por semana) e maior quantidade de informações sobre o produto (comentários, características, preço de frete variados, *marketing* digital, exposição da marca etc.). Notadamente, a maior parte dessas características não é verificada no comércio tradicional, o que, certamente, influencia no processo logístico.

De acordo com Fleury e Monteiro, citados por Gonçalves (2005), as principais diferenças entre a logística tradicional e a logística do comércio eletrônico são as que estão sintetizadas no Quadro 1.1.

Quadro 1.1 – Diferenças entre a logística tradicional e a logística do comércio eletrônico

Características	Logística tradicional	Logística do e-commerce (comércio eletrônico)
Tipo de carregamento	Paletizado	Pequenos pacotes
Clientes	Conhecidos	Desconhecidos
Estilo da demanda	Empurrada	Puxadas
Fluxo do estoque/pedido	Unidirecional	Bidirecional
Tamanho médio do pedido	Mais de $ 1.000	Menos de $ 100
Destinos dos pedidos	Concentrados	Altamente dispersos
Responsabilidade	Um único elo	Toda a cadeia de suprimento
Demanda	Estável e consistente	Incerta e fragmentada

Fonte: Gonçalves, 2005, p. 3.

Obviamente, existem exceções tanto para a logística tradicional quanto para a do e-commerce; as peculiaridades e as diferenças que apresentamos aqui são mais generalistas e comuns.

Estudo de caso

O desafio da LR na indústria eletrônica

Nos últimos anos, a indústria eletrônica tem enfrentado um dilema significativo em relação à gestão da LR, especialmente no que diz respeito ao descarte adequado de produtos eletrônicos obsoletos e componentes defeituosos. Este estudo de caso explora uma situação hipotética, porém realista, enfrentada por uma renomada empresa do setor.

Contextualização

A empresa TechInova (nome fictício), líder na produção de dispositivos eletrônicos, lançou uma nova linha de *smartphones* com recursos inovadores. No entanto, esse avanço tecnológico gerou um aumento considerável na quantidade de dispositivos obsoletos devolvidos pelos consumidores. Além disso, a empresa está enfrentando desafios significativos relacionados à gestão de resíduos eletrônicos e à pressão da opinião pública para adotar práticas mais sustentáveis.

Desafio

A empresa se depara com o desafio de desenvolver e implementar um sistema eficiente de LR para lidar com o crescente volume de devoluções, garantindo ao mesmo tempo o descarte ambientalmente responsável dos dispositivos e a recuperação de materiais valiosos.

Análise

A análise revela que a empresa precisa estabelecer parcerias sólidas com centros de reciclagem especializados para garantir o tratamento adequado dos resíduos eletrônicos. Ademais, um processo eficiente de triagem e recuperação de componentes reutilizáveis é vital para maximizar o valor econômico dos produtos devolvidos.

Solução proposta

A empresa TechInova decide implementar um programa abrangente de LR que inclui pontos de coleta em suas lojas, parcerias estratégicas com centros de reciclagem certificados e utilização de tecnologias avançadas para a recuperação de materiais preciosos. Adicionalmente, a empresa inicia campanhas de conscientização para incentivar os consumidores a participar ativamente do programa de devolução, destacando os benefícios ambientais e econômicos.

Resultados

Com a implementação dessas medidas, a empresa alcança uma significativa redução no impacto ambiental associado ao descarte inadequado de produtos eletrônicos. Além disso, a recuperação eficiente de materiais resulta em ganhos financeiros substanciais para a empresa, que pode reinvestir esses recursos em pesquisa e desenvolvimento de tecnologias mais sustentáveis.

> Conclusão
>
> Este estudo de caso destaca a importância da LR na indústria eletrônica e a forma como uma abordagem estratégica pode transformar desafios em oportunidades. A empresa TechInova, ao adotar práticas responsáveis e inovadoras, não apenas resolveu seus problemas de LR, mas também fortaleceu sua imagem de marca e contribuiu para um ambiente mais sustentável. Este caso serve como um exemplo inspirador para outras empresas que enfrentam desafios semelhantes.

Para saber mais

Anualmente (desde 2003), a Associação Brasileira de Empresas de Limpeza Pública e Resíduos Especiais (Abrelpe) disponibiliza um dossiê com inúmeras informações acerca da produção, coleta e destinação final de resíduos sólidos no país, inclusive com informações relacionadas aos processos de reciclagem e logística reversa. Para consultar os documentos, acesse:

ABRELPE – Associação Brasileira de Empresas de Limpeza Pública e Resíduos Especiais. **Panorama 2020**. 2020. Disponível em: <https://abrelpe.org.br/panorama-2020>. Acesso em: 10 maio 2023.

Síntese

As pequenas e médias empresas que buscam aumentar suas receitas no comércio eletrônico muitas vezes se deparam com os desafios da LR. Ainda, a melhoria de processos produtivos, informação e tecnologia, ligados à carência de matéria-prima basal, bem como os problemas de ordem ambiental, permitiu o aparecimento de um novo tipo de consumidor, mais exigente e consciente de suas escolhas. Essa nova postura por parte do mercado consumidor induziu as indústrias e o setor público a adotar a LR como uma estratégia de negócios.

O termo *logística reversa* se refere ao processo de devolução, que, especialmente se envolver transações internacionais, pode se tornar bastante complexo. As devoluções de produtos são inevitáveis para praticamente qualquer varejista ou fornecedor *online*, e disponibilizar uma maneira rápida e eficiente de devolver e trocar os produtos adquiridos é uma forma importante de agradar os clientes e conseguir novos negócios.

Os diferentes canais logístico e seus fluxos de trabalhos devem ser compreendidos – sobretudo no que se refere à diferença entre o modelo físico e o e-commerce – visando à implementação eficiente e eficaz da LR, tendo em mente a otimização de tempo e recursos, bem como a fidelização do cliente.

Questões para revisão

1. As partes interessadas, também conhecidas como *stakeholders*, têm um interesse investido em uma empresa e podem influenciar ou ser influenciadas por operações e desempenho da organização. Em uma organização, quais partes podem ser consideradas *stakeholders*? Assinale a alternativa correta:

    a. Todos os funcionários de determinada empresa, exceto sua diretoria.
    b. Os clientes que compram os produtos e serviços da empresa.
    c. Os investidores, funcionários, clientes e fornecedores da empresa.
    d. Os governantes que investem dinheiro público com vistas à geração de emprego e renda.

2. Os canais de distribuição têm como foco garantir a disponibilidade do bem de consumo para os compradores. Quais são os cinco principais itens de um canal de distribuição logística?

    a. Armazenagem, informação, produto, transporte e cliente.
    b. Produto, preço, praça, promoção e transporte.
    c. Transporte terrestre, transporte aquaviário, transporte aéreo, informação na *web* e cliente final.
    d. Produção, produto, estoque, preço e prazo.

3. Os níveis de canal de distribuição logística estão diretamente relacionados à quantidade de intermediários que existem no processo. Assinale a alternativa que apresenta um possível intermediário:
   a. Cliente.
   b. CEO (*Chief Executive Officer*), ou diretor executivo, da empresa.
   c. Atacadista.
   d. Transportadora.

4. A logística tem como principal objetivo um fluxo logístico eficiente de bens ao longo do canal de distribuição. Para Razzolini Filho e Berté (2013), qual é o conceito de fluxo logístico e quais são suas subdivisões ou segmentos?

5. Cite duas diferenças entre a logística tradicional e a logística do comércio eletrônico.

Questões para reflexão

1. Em nossos estudos, vimos que, em todo o planeta, a média de resíduos gerados por pessoa por dia é de 0,74 kg, mas isso varia entre 0,11 kg e 4,5 kg, dependendo da região. Em sua opinião, quais são os principais motivos para essa discrepância entre essa geração de resíduos, ou seja, por que algumas pessoas geram apenas 0,11 kg de resíduos por dia, enquanto outras geram 4,5 kg?

2. Ainda seguindo a mesma linha de raciocínio da questão anterior, em sua opinião, de que maneira a LR poderia contribuir para a diminuição da geração de resíduos em todo o planeta?

Tipos de logística reversa

Conteúdos do capítulo

- Logística reversa de pós-venda e logística reversa de pós-consumo.
- Objetivos estratégicos da logística reversa.
- Logística reversa de terceira parte.

Após o estudo deste capítulo, você será capaz de:

1. compreender as principais diferenças entre a logística reversa de pós-venda e a logística reversa de pós-consumo;
2. analisar os principais diferenciais competitivos, bem como os principais impeditivos, da implementação da logística reversa nos negócios;
3. avaliar as principais percepções de clientes acerca da logística reversa;
4. compreender as principais características da logística reversa de terceira parte.

capítulo 2

No capítulo anterior, abordamos os diferentes conceitos relacionados à logística tradicional e à logística reversa (LR). Vimos que a LR passa a ser (sem nenhuma dúvida) uma enorme vantagem competitiva para as organizações que desejam se destacar em um mercado tão competitivo.

Entretanto, há outras questões atreladas à necessidade de implantação desse sistema logístico em uma organização. Entre elas, de acordo com o Sebrae (2022a), podemos citar:

- aumento da preocupação da população com os problemas socioambientais mundiais – maior consciência ambiental;
- o grave problema relacionado ao aumento da geração de resíduos sólidos;
- a baixa adesão de empresas e da população ao processo de reciclagem de materiais;
- menor abundância e aumento dos preços das matérias-primas;

- responsabilização das empresas pelo ciclo de vida do produto;
- melhoria da opinião da companhia perante seus *stakeholders*;
- exigências legais dos mercados nacionais e internacionais – legislações e certificações ambientais.

Todos esses aspectos serão abordados nos próximos capítulos deste livro. Agora, é importante que outros conceitos sejam apresentados: os dois diferentes tipos de LR – de pós-venda e de pós-consumo. Essas fases são diferenciadas pela fase do ciclo de vida do produto que está sendo devolvido. Caso o produto esteja no início do ciclo de vida útil, trata-se de LR de pós-venda; caso esteja na fase final, trata-se de LR de pós-consumo.

2.1 Logística reversa de pós-venda

Já estudamos que a LR pode ser definida como o processo de transferência dos produtos do ponto de consumo até o ponto de origem para promover a recuperação de valor (por meio da inserção na cadeia produtiva, por exemplo) ou garantir o descarte adequado, no caso de produtos em fase final de vida útil.

Assim, podemos afirmar que a LR é o oposto da cadeia de suprimentos padrão. As mercadorias são transferidas do usuário final para o vendedor ou o fabricante. Esses produtos podem ser revendidos ou descartados.

A logística reversa pode estar relacionada a qualquer uma das seguintes atividades após a compra inicial:

- devoluções;
- remanufatura;
- remodelação;
- reembalagem;
- bens não vendidos;
- fim da vida útil do produto;
- falha de entrega;

- aluguel e *leasing**;
- reparos.

O processo de LR se tornou um componente-chave de qualquer cadeia de suprimentos simplificada e bem-sucedida.

Especificamente, a LR de pós-venda é caracterizada pelo retorno de mercadorias que, por algum motivo, não atenderam às expectativas do cliente. Segundo Leite (2009, p. 187), a LR pós-venda é

> *a área específica de atuação da logística reversa que se ocupa do planejamento, da operação e do controle do fluxo físico e das informações logísticas correspondentes de bens de pós-venda, sem uso ou com pouco uso, que por diferentes motivos retornam pelos elos da cadeia de distribuição direta.*

O retorno dos produtos adquiridos pelo comércio *online* tem aumentado, e é uma tendência que isso continue aumentando à medida que as exigências dos consumidores se tornarem cada vez maiores.

Como mencionado anteriormente, esses produtos, em geral, estão em excelente estado de conservação – no início de seu ciclo de vida útil. Para Giordano et al. (2019), a LR de pós-venda é um grande diferencial competitivo para a fidelização de clientes e a otimização da marca.

Conforme Leite (2002), os procedimentos de devolução de mercadorias podem ser divididos em três categorias:

1. **Devoluções "garantia/qualidade"** – São aquelas realizadas quando o produto apresenta defeito de fabricação ou funcionamento ou, ainda, avarias. Tais produtos podem voltar ao mercado, sendo este conhecido como *salvados* ou *outlet*.

---

* *Leasing* consiste em um contrato de arrendamento ou locação de um ativo no qual uma parte (o locador ou arrendador) concorda em permitir que outra parte (o locatário ou arrendatário) utilize o ativo por um período específico, mediante o pagamento de uma taxa regular (Serasa, 2023).

2. **Devoluções comerciais** – Esta categoria pode ser subdividida em:
   - Estoques – São mercadorias que retornam em razão de erro no processo de expedição, excesso nos estoques, produtos em consignação, pontas de estoque, entre outros. São utilizados outros canais de vendas para o retorno dos produtos ao mercado.
   - Validade – É o retorno devido ao término de validade ou à substituição de peças com defeitos verificados no pós-venda.
3. **Devoluções de substituição de componentes** – De acordo com Leite (2002), são aquelas que decorrem da substituição de componentes em bens duráveis e semiduráveis durante processos de manutenção e consertos, com vistas a prolongar sua vida útil. Quando viável, do ponto de vista técnico, esses bens passam por um processo de remanufatura, sendo posteriormente reintroduzidos no mercado primário ou secundário. Caso não seja possível reaproveitá-los, há a opção de encaminhá-los para a reciclagem ou para um destino final apropriado.

A devolução do produto é garantida por lei, de acordo com o Código de Defesa do Consumidor – Lei n. 8.078, de 11 de setembro de 1990 (Brasil, 1990):

> *Art. 49. O consumidor pode desistir do contrato, no prazo de 7 dias a contar de sua assinatura ou do ato de recebimento do produto ou serviço, sempre que a contratação de fornecimento de produtos e serviços ocorrer fora do estabelecimento comercial, especialmente por telefone ou a domicílio.*
>
> *Parágrafo único. Se o consumidor exercitar o direito de arrependimento previsto neste artigo, os valores eventualmente pagos, a qualquer título, durante o prazo de reflexão, serão devolvidos, de imediato, monetariamente atualizados.*

O fato de o consumidor ter o direito de devolver o produto (por arrependimento) por até 7 dias após o recebimento faz com que as empresas precisem estar preparadas para esses processos de trocas e devoluções utilizando os serviços de LR.

Conforme o relatório emitido pela Ebit/Nielsen (2023), o faturamento do comércio eletrônico no 1º semestre do ano de 2020 foi 9% maior do que o observado no 2º semestre de 2019. No entanto, de acordo com o mesmo relatório, 90% do e-commerce ainda tem problemas com o processo de LR de pós-venda e 47% dos clientes passaram a comprar menos produtos em razão de algum problema no processo de devolução do produto. O maior número de produtos devolvido estava no setor de vestuário (18%). Ainda, em média, 6% do número de vendas gera algum pedido de devolução.

De fato, todos já passamos por algum tipo de transtorno quando o assunto é devolução de mercadoria por meio da LR. Assim, podemos afirmar que o processo de devolução de um produto é uma parte fundamental e crítica da experiência pós-venda de qualquer varejista. Então, é uma questão de probabilidade: quanto mais se comprar no universo *online*, maiores as chances de devolução dos produtos. Nesse sentido, é necessário que a LR pós-venda seja otimizada ao máximo para fidelizar o cliente e minimizar os custos.

Uma pesquisa realizada pela Narvar (2020) – grande companhia especializada em experiências de LR pós-venda no varejo – trouxe dados impressionantes acerca das novas tendências de consumo no e-commerce (estilo D2C – *direct to consumer*, ou direto para o consumidor). Ressaltamos que dedicaremos um capítulo somente para tratar das novas tendências do comércio eletrônico.

Portanto, toda essa questão gera, além de um grande alerta paras as empresas, em especial o e-commerce, uma excelente oportunidade de negócio, visto o surgimento de diferentes *startups*[*] especializadas nesse segmento de devoluções e trocas.

2.2 Logística reversa de pós-consumo

De acordo com Leite (2003), a LR de pós-consumo é caracterizada pelo retorno dos materiais que são originários do descarte de produtos após o fim de sua vida útil e que, por sua vez, retornam ao ciclo produtivo. Desse modo, podemos afirmar que os produtos gerados pela LR podem

---

[*] *Startups* são empresas emergentes, geralmente de base tecnológica, que buscam oferecer soluções inovadoras para demandas específicas do mercado (Sebrae, 2014a).

ser reaproveitados para a produção de novos produtos, os quais retornarão ao processo logístico tradicional (Figura 2.1). A LR de pós-consumo utiliza os materiais descartados para a fabricação de novos produtos e a reinserção ao processo logístico direto.

Figura 2.1 – Processos logísticos diretos e reversos

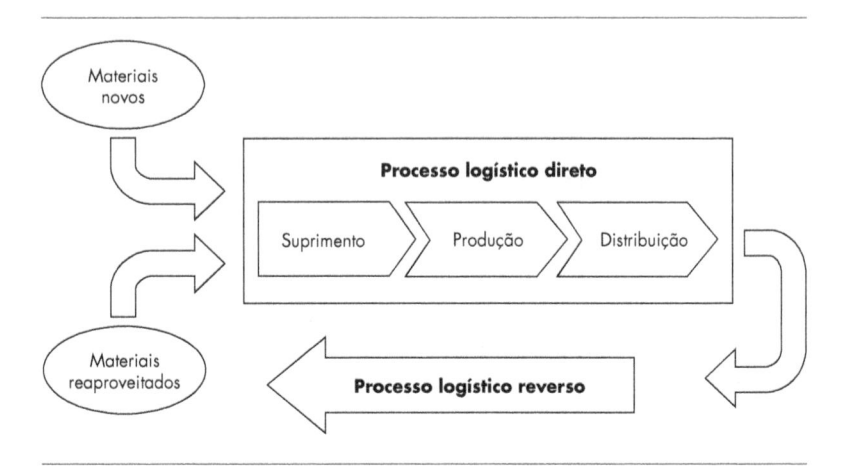

```
        Materiais
         novos
            │
            ▼
    ┌─────────────────────────────────────────┐
    │         Processo logístico direto       │
    │                                         │
    │  Suprimento → Produção → Distribuição   │
    └─────────────────────────────────────────┘
            ▲                              │
            │                              │
        Materiais                          │
      reaproveitados ← Processo logístico reverso
```

Fonte: Elaborado com base em Leite, 2003.

Nesse caso específico da LR de pós-consumo, há três situações distintas a serem abordadas. A primeira está relacionada ao processo relatado anteriormente, em que as matérias-primas são utilizadas para a fabricação de novos produtos. A segunda está relacionada ao produto descartado que não pode ser reaproveitado e, portanto, nesse caso, deve haver um descarte final adequado desse material, para que não haja prejuízos aos seres humanos nem ao meio ambiente. A terceira situação se refere à possibilidade de revenda dos produtos retornados, caso ainda haja condições de uso.

Aqui vale um destaque para um conceito bastante importante: a obsolescência programada. Certamente você (ou alguém bem próximo) já fez uma afirmação como esta: "Não se fazem mais coisas como antigamente. Antes as coisas eram feitas para durar. Hoje em dia as coisas são quase descartáveis!". É nesse contexto que entra o referido conceito.

Em 1954, o *designer* industrial Brooks Stevens referiu-se à obsolescência programada comoa ideia de inserir no comprador o anseio por adquirir algo ligeiramente mais recente, aprimorado ou mais cedo do que o necessário (Kuppelwieser et al., 2019).

A obsolescência programada (ou planejada) consiste em uma estratégia de garantir deliberadamente que a versão atual de determinado produto se tornará desatualizada ou inútil dentro de um período de tempo conhecido. Esse movimento assegura que os consumidores busquem substitutos desse produto no futuro, aumentando a demanda.

De acordo com Rossini e Naspolini (2017), a obsolescência programada (ou planejada) é uma estratégia em que, desde a concepção, a indústria planeja deliberadamente o término antecipado da vida útil de um produto, seja por meio do desgaste de peças, seja pelo avanço tecnológico, tornando imperativa a aquisição de um modelo mais recente. O produto é fabricado com uma durabilidade reduzida de propósito pela indústria, com vistas a impulsionar o consumo e dinamizar o mercado industrial.

Na tecnologia, por exemplo, os processos de troca de *smartphones* têm acontecido a cada dois ou três anos, quando seus sistemas operacionais não recebem mais atualizações ou seus componentes se desgastam.

Agora, voltando ao assunto da LR de pós-consumo, conforme Leite (2003), devemos considerar que os canais de distribuição reversos de pós-consumo podem ser classificados em três tipos: canal de reúso, canal de reciclagem e canal de desmanche. O **canal de reúso** está associado à reutilização de bens duráveis, ou seja, produtos que ainda podem ser utilizados novamente (produtos de segunda mão). O **canal de reciclagem** tem ganhado destaque, especialmente em razão das normas ambientais em vigor. Esse processo envolve a coleta, a separação/seleção de materiais, a preparação para o reaproveitamento e a reintrodução da matéria-prima no ciclo produtivo. Já o **canal de desmanche** diz respeito à reutilização de partes de determinado produto. Se essas partes estiverem em condições de uso, serão empregadas na fabricação de novos produtos. Aqui ressaltamos que, inevitavelmente, qualquer produto terá um fim, isto é, chegará ao final de seu ciclo de vida, sendo necessário que haja viabilidade de descarte adequado desse material. Quando falamos em *descarte final adequado*, queremos destacar que deve haver formas controladas para que não haja danos ao meio ambiente – como dito anteriormente. Há diversas formas de isso ser feito: incineração, aterros sanitários, entre outros. Assim, o próprio fabricante é quem deve realizar essa orientação.

Outro aspecto importante é que a LR de pós-consumo vem ganhando força nos últimos anos, uma vez que se tornou obrigatória para algumas esferas empresariais em virtude de sua regulamentação por meio da Lei n. 12.305, de 2 de agosto de 2010 (Brasil, 2010b) – a Política Nacional de Resíduos Sólidos, tema que será discutido nos próximos capítulos.

Para produtos oriundos da LR, há diferentes métodos de recuperação que podem ser utilizados, entre os quais podemos destacar os seguintes (Kulwiec, 2006):

- **Reutilizar na forma atual** – Em alguns casos, os produtos podem ser reaproveitados diretamente, após limpeza, higienização e/ou algum grau de reconstrução ou reforma. Paletes e garrafas usadas são exemplos de tais produtos.
- **Reutilização de reciclados** – Algumas ou todas as peças e materiais de produtos devolvidos podem ser encaminhados para um processo de produção ou montagem para fabricar o produto original ou um produto diferente a partir desse material (por exemplo, peças eletrônicas).
- **Reutilizar após o reparo** – Uma peça ou material pode ser reparado e utilizado como um produto "reconstruído" ou "usado", que pode ser de qualidade inferior em relação ao produto original.
- **Reutilizar após a remanufatura** – Depois que um produto é completamente desmontado, suas peças são examinadas, reparadas ou substituídas. Algumas atualizações podem ser realizadas para tornar as peças aplicáveis aos modelos mais novos. Geralmente, os produtos remanufaturados vêm com garantias comparáveis às de produtos totalmente novos.

2.3 Objetivos estratégicos da logística reversa

Já vimos que, após o consumo, o descarte dos produtos – por melhor que isso seja realizado – acaba por chegar aos diferentes ecossistemas (ar, água ou solo). Além disso, com o crescimento populacional e o esgotamento dos recursos naturais, a adoção de atividades de LR logo se tornará uma necessidade imperativa para todas as organizações.

Para que haja um excelente aproveitamento, tanto do produto gerado na LR quanto do serviço prestado em si, o processo de gestão da LR deve ser bastante eficiente.

Assim, com base no que já estudamos, podemos considerar que são três os principais componentes da gestão da LR.

O primeiro componente consiste na **política e procedimento de devolução**, que é a abordagem da empresa para lidar com as devoluções. Essa política abrange aspectos como o limite de tempo após a compra para aceitar a devolução, a definição de quem é responsável pelo envio, a decisão sobre a existência de uma taxa de reabastecimento etc.

O segundo componente é a **remanufatura ou reforma**, que está relacionada ao recondicionamento do produto após sua devolução para ser vendido novamente.

O terceiro componente é a **destinação de resíduos**, em que será avaliada a melhor maneira para o descarte, pois os produtos não são adequados ou não podem ser revendidos após a devolução.

No Brasil, o Relatório Nacional de Gestão de Resíduos Sólidos, produzido pelo Sistema Nacional de Informações sobre Gestão de Resíduos Sólidos (Sinir), mostrou que a produção de resíduos sólidos urbanos (RSU), no ano de 2019, foi de 57 milhões de toneladas. Esse valor equivale a dizer que cada habitante brasileiro produz um quilo de resíduo sólido por dia, do qual pouco mais de 55% tem uma destinação final ambientalmente correta. Ainda, somente a indústria brasileira gera quase 29 milhões de toneladas de resíduos perigosos anualmente, o que configura um enorme problema ambiental (Sinir, 2021).

Adicionalmente, o Banco Mundial informou que, em 2020, foram gerados 2,24 bilhões de toneladas de resíduos sólidos em todo o planeta, totalizando uma pegada de 0,79 kg por pessoa por dia – um pouco menos do que a média brasileira. Com o rápido crescimento populacional e a urbanização, espera-se que a geração anual de resíduos aumente 73% em relação aos níveis de 2020, para 3,88 bilhões de toneladas em 2050 (The World Bank, 2020).

Todos esses números revelam que há uma enorme quantidade de resíduos gerados em todo o mundo. Essas questões geram um maior interesse dos pesquisadores pela geração zero desses resíduos e, também, pelo retorno desses materiais à cadeia de abastecimento.

Cabe fazer uma ressalva acerca dos números alcançados com a Política Nacional de Resíduos Sólidos no Brasil (Lei 12.305/2010) – tema que será discutido no próximo capítulo – no que se refere à reciclagem e à LR. Mas, antes de tratarmos desses dois temas específicos, devemos analisar o panorama dos resíduos sólidos como um todo.

A geração *per capita* (por pessoa) de resíduos sólidos no Brasil é preocupante. Cada habitante gera, em média, 379,2 kg.ano^{-1} de resíduos. Isso significa dizer que, por dia, cada habitante gera mais de um quilo de resíduos. Em todo o país, são gerados mais de 79 milhões de toneladas de resíduos.ano^{-1}, dos quais pouco mais de 72 milhões são coletados. Isso também significa que aproximadamente 7 milhões de toneladas de resíduos por ano não são coletados, e seu destino final é totalmente incerto, segundo a Associação Brasileira de Empresas de Limpeza Pública e Resíduos Especiais (Abrelpe, 2020). Apenas para dar uma ideia de quantidade, 7 milhões de toneladas equivalem a 350.000 caminhões lotados de resíduos.

Esse número aumenta quando levamos em conta a quantidade de resíduos que, embora sejam coletados, têm seu destino final inadequado. De fato, de todo o resíduo coletado no país (72 milhões de toneladas), apenas 43,4 milhões de toneladas vão para o destino final correto: o aterro sanitário. O restante vai para aterros controlados (16,7 milhões de toneladas) e lixões a céu aberto (12,7 milhões de toneladas) (Abrelpe, 2020).

As regiões que mais geram resíduos no Brasil são: Sudeste (32,6 milhões de toneladas.ano^{-1}); Nordeste (17,4 milhões de toneladas.ano^{-1}); Sul (7,2 milhões de toneladas.ano^{-1}); Centro-Oeste (5 milhões de toneladas.ano^{-1}); Norte (4,4 milhões de toneladas.ano^{-1}). A cidade de São Paulo é a que mais gera resíduos (23 milhões de toneladas.ano^{-1}), e a que menos gera é a cidade de Roraima (165 mil toneladas.ano^{-1}) (Abrelpe, 2020).

No Brasil, a coleta seletiva, importante instrumento para promover a sustentabilidade do setor e do planeta, ainda precisa melhorar. Apenas 56,6% dos municípios brasileiros realizam a coleta seletiva (Abrelpe, 2020), e essa informação é bastante importante para compreender o panorama da reciclagem e da LR no país.

Com efeito, tendo em vista esse contexto, podemos explicar os números da LR no país. É importante destacar que a LR deve ser aplicada, por força de lei, a apenas alguns produtos no pós-consumo. São eles: eletroeletrônicos e seus componentes, baterias inservíveis, embalagens de aço, lâmpadas fluorescentes de vapor de sódio e mercúrio e de luz mista, embalagens de defensivos agrícolas, pneus inservíveis, embalagens de óleos lubrificantes e medicamentos.

Vejamos alguns dados sobre esses itens:

- **Embalagens de defensivos agrícolas** – Houve a coleta de 45.563 toneladas em 2019, das quais 94% foram enviadas para a reciclagem e 6% para a incineração (Abrelpe, 2020).
- **Embalagens de óleos lubrificantes** – Mais de cinco mil toneladas de embalagens foram recebidas e mais de quatro mil toneladas foram recicladas somente em 2019, correspondendo a quase 99% de reciclagem do total recebido (Abrelpe, 2020).
- **Pneus inservíveis** – Houve a recuperação de 471.000 toneladas de pneus inservíveis (Abrelpe, 2020).
- **Lâmpadas fluorescentes de vapor de sódio e mercúrio e de luz mista** – Em 2018, mais de dois milhões de lâmpadas foram destinados de forma ambientalmente correta, número que abrange lâmpadas compactas e lâmpadas tubulares (Abrelpe, 2020).

- **Embalagens em geral** – O índice de reciclagem está em torno de 26% do total de embalagens produzidas no Brasil (Abiplast, 2018).
- **Medicamentos** – Aproximadamente 14 mil toneladas de medicamentos perdem a validade por ano, sendo a maior parte descartada de maneira ambientalmente incorreta, no lixo comum, no esgoto ou no solo (CFF, 2019).
- **Eletroeletrônicos e seus componentes** – Em 2019, o país registrou a geração de 2,1 milhões de toneladas de resíduos, o que corresponde a uma média de 10,2 kg por habitante. Apesar desse volume expressivo, a LR desses resíduos enfrenta desafios significativos para alcançar sua implementação completa (Abrelpe, 2020).
- **Baterias de chumbo-ácido inservíveis** – De acordo com informações do Sinir, mais de 74% das baterias colocadas no mercado foram recolhidas em 2019 (Abrelpe, 2020).

A LR é tão importante para as corporações que Krumwiede e Sheu (2002) afirmam que a margem de lucro da empresa depende fortemente das atividades de LR. Isso se deve, principalmente, ao aumento dos problemas ambientais, às legislações e regulamentos governamentais, à competitividade sustentável e à responsabilidade social corporativa das empresas (Agrawal; Singh; Murtaza, 2015). Para termos uma ideia, a poluição por plástico não coletado e reciclado gera um prejuízo de 8 bilhões de dólares todos os anos para a economia global (WWF, 2019).

Em 2019, Prajapati, Kant e Shankar (2019) realizaram um levantamento em mais de 440 artigos científicos acerca das principais necessidades e vantagens competitivas da LR para as empresas. A lista está indicada a seguir:

- conscientização do consumidor sobre as implicações ambientais e sociais;
- benefícios econômicos e redução de custos;
- sustentabilidade ambiental, redução do impacto ambiental e preocupações com as questões ambientais;
- apoio governamental;
- responsabilidade social corporativa aprimorada;
- aumento da satisfação do cliente;

- compromisso da alta administração;
- uso reduzido de matérias-primas frescas;
- demanda do cliente de produtos verdes (considerados de menor impacto ambiental);
- conhecimento do lucro potencial da recuperação de componentes no fim de sua vida útil;
- aumento da lucratividade;
- gestão adequada de resíduos e reciclagem;
- redução do consumo de energia;
- oportunidade de oferecer produtos ambientalmente corretos;
- barateamento do custo de matéria-prima e custo de fabricação reduzido;
- redução da pegada de carbono.

Ainda, na mesma revisão, os autores Prajapati, Kant e Shankar (2019) também descrevem as principais barreiras e impeditivos que as empresas encontram na implementação da LR. A lista está indicada a seguir:

- baixo comprometimento da alta administração;
- falta de políticas econômicas governamentais de apoio ao processo;
- qualidade heterogênea de produtos devolvidos;
- incerteza acerca do tempo de devolução do produto;
- conhecimento e recursos insuficientes em relação à implementação;
- falta de foco nas questões ambientais;
- falta de organização e planejamento adequados;
- política de negócios (política de LR não clara ou não implementada);
- baixa segurança do sistema de informação;
- falta de tecnologia e equipamentos adequados;
- complexidade do processo de LR;
- falta de infraestrutura;
- falta de conscientização do cliente em relação à LR;
- falta de sistemas de medição de desempenho adequados;
- tecnologia de reciclagem e gerenciamento de resíduos inadequados;
- falta de sistemas para monitoramento de retorno e coleta dos produtos;

- aumento dos custos para a empresa em algumas situações;
- falta de cooperação entre fornecedores terceirizados em relação à LR;
- falta de especialistas em LR.

É importante notar que existem semelhanças e diferenças entre os impeditivos e as vantagens de implementação da LR. No entanto, podemos afirmar, sem nenhuma dúvida, que a LR é uma oportunidade de negócio para criar vantagem competitiva, não devendo ser vista como uma despesa ou um passivo para a empresa. Como veremos adiante, a própria análise da literatura mostra o crescente interesse das diferentes organizações por essa área, o que se deve, como já mencionamos, principalmente às regulamentações governamentais em relação aos componentes do fim da vida útil, ao aumento da consciência dos consumidores em relação ao meio ambiente, aos benefícios econômicos e à melhoria da imagem corporativa da empresa.

Por outro lado, existem certas características, como a qualidade heterogênea dos produtos devolvidos, a própria incerteza nas devoluções, a falta de políticas econômicas do governo e a percepção de produtos de baixa qualidade pelos clientes, que interrompem a adoção da LR por parte de alguns setores.

2.4 Percepção do cliente sobre a logística reversa

O processo de industrialização nos países em desenvolvimento aumentou consideravelmente no século XX. Além disso, a redução do ciclo de vida e a melhoria tecnológica dos produtos são responsáveis por uma enorme geração de resíduos, gerando a necessidade de implementar a LR nos processos produtivos.

É sempre importante ressaltar que o aumento do número de consumidores preocupados com o meio ambiente é um dos fatores que impactam a competição entre as indústrias. Por isso, pesquisas para implantação de LR são estritamente necessárias nesses países.

Um processo de LR bem implementado retém clientes e traz inúmeros benefícios. Pesquisas mostram que até 95% dos consumidores que experimentam um processo de LR positivo farão compras repetidas com o mesmo varejista no futuro. Por outro lado, consumidores insatisfeitos com o processo de devolução têm três vezes mais chances de deixar a empresa permanentemente (Narvar, 2020).

Em 2017, uma pesquisa de campo realizada por Souza, Ferreira e Arantes (2019) verificou a percepção de 108 clientes em relação aos serviços de LR de pós-venda. O resumo dos resultados está apresentado na Tabela 2.1, a seguir.

Tabela 2.1 – Percepção de 108 clientes acerca dos serviços de logística reversa de pós-venda

Serviço	Percentual de clientes
Já relataram ter recebido o produto incorreto, em decorrência possivelmente de um erro no momento da expedição.	17%
Já necessitaram efetuar trocas ou devoluções mais de três vezes.	19%
Já receberam produto que não correspondia ao esperado, podendo se referir a questões de qualidade do produto pedido.	24%
Já necessitaram trocar ou devolver produtos apenas uma vez.	41%
Já receberam seu produto com algum defeito.	50%
Buscam informações sobre a política de troca e/ou devoluções.	51%
Adquiriram produtos que geraram troca ou devolução em uma loja física.	62%

Fonte: Elaborado com base em Souza; Ferreira; Arantes, 2019.

Ainda, de acordo com o mesmo estudo, a maioria dos clientes entrevistados relatou que as políticas de troca ou devolução precisam ser mais transparentes (Souza; Ferreira; Arantes, 2019). A Tabela 2.2 apresenta o nível de satisfação dos clientes em relação aos serviços prestados na LR de pós-venda.

Tabela 2.2 – Nível de concordância e satisfação de 108 clientes sobre o serviço de logística reversa de pós-venda

Questões	Frequência das respostas					
	TI	PI	I	PS	TS	Total
Satisfação com as informações fornecidas pela empresa referente a política de troca e devoluções.	9 (8,3%)	15 (13,9%)	16 (14,8%)	43 (39,8%)	25 (23,1%)	108 (100%)
Satisfação com a assistência da loja no processo de troca ou devolução do seu produto.	6 (5,6%)	13 (12%)	7 (6,5%)	49 (45,4%)	33 (30,6%)	108 (100%)
Satisfação com o contato com o vendedor ou assistente da loja para solucionar o problema.	5 (4,6%)	15 (13,9%)	14 (13,0)	42 (38,9%)	32 (29,2%)	108 (100%)
Satisfação com a rapidez da loja na resolução do seu problema.	11 (10,2%)	14 (13,0%)	7 (6,5%)	40 (37,0%)	36 (33,3%)	108 (100%)
	DT	DP	I	CP	CT	Total
Transparência das políticas de troca e devolução.	10 (9,3%)	15 (13,9%)	16 (14,8%)	43 (39,8%)	24 (22,2%)	108 (100%)
É obrigação da empresa oferecer a possibilidade de troca e devolução de um produto.	0 (%)	4 (3,7%)	3 (2,8%)	24 (22,2%)	77 (71,3%)	108 (100%)
Possibilidade de troca e devolução de um produto como diferencial competitivo.	6 (5,6%)	3 (2,8%)	5 (4,6%)	26 (24,1%)	68 (63,0%)	108 (100%)

Fonte: Dados da pesquisa (2017).
Legenda: TI: Totalmente Insatisfeito; PI: Parcialmente Insatisfeito; I: Indiferente; PS: Parcialmente Satisfeito; TS: Totalmente Satisfeito; DT: Discordo Totalmente; DP: Discordo Parcialmente; I: Imparcial; CP: Concordo Parcialmente; CT: Concordo Totalmente.

Fonte: Souza; Ferreira; Arantes, 2019, p. 52.

Embora a LR seja mais utilizada para problemas relacionados à devolução de mercadorias aos clientes, é importante ressaltar que as empresas também devem buscar melhores formas de aplicar a LR de pós-consumo, isto é, melhorar os processos de reciclagem de seus produtos. Muitos produtos vendidos contêm compostos tóxicos, como metais pesados, e os consumidores podem não saber a melhor maneira de descartar corretamente esses produtos.

Aliás, esse é um problema recorrente nos dias atuais. A grande maioria de nós tem um telefone celular velho guardado em alguma gaveta da casa e não sabe realmente o que fazer com ele. Assim, cabe ao fabricante, por força de lei, como veremos nos próximos capítulos, receber esses produtos e dar a eles o destino final correto.

A inserção de um programa de reciclagem na conduta da empresa não apenas melhora a reputação corporativa entre os clientes como também pode criar um fluxo de receita interessante, uma vez que pode haver certos metais que podem ser recuperados dos produtos para depois serem vendidos.

Assim, quando a empresa torna a experiência do cliente algo agradável, mesmo sendo no momento da devolução ou troca, está criando mais oportunidades para aumentar a satisfação desse cliente. Isso é especialmente importante com o serviço de LR, porque, se um cliente deseja devolver um item, provavelmente há algo com esse produto. Nesse caso, ao simplificar o processo de devolução para o cliente, a empresa pode melhorar a experiência ou pelo menos evitar ou minimizar a insatisfação desse cliente.

Por outro lado, taxas de frete de devolução ou atrasos nos reembolsos e outras complicações podem ter o efeito oposto e afastar esses clientes de forma definitiva em alguns casos.

É necessário entender os diferentes perfis dos e-consumidores, visto que a internet se tornou uma necessidade para as gerações atuais. As preferências e prioridades dos e-consumidores ajudam a definir estratégias de *marketing*, mas também auxiliam os formuladores de políticas para identificar/desenvolver estratégias para promover a conscientização dos e-consumidores em relação à sustentabilidade de suas compras. Fatores contextuais e características do consumidor (ou seja, fatores sociodemográficos) podem influenciar os atributos de compra/entrega no varejo *online*, como velocidade de entrega, custo de entrega e entregas sustentáveis (Nguyen et al., 2019).

Na investigação dos padrões de consumo dos e-consumidores, algumas características sociodemográficas foram utilizadas. O estudo conduzido por Nguyen et al. (2019) adotou fatores como idade, salário, gênero e escolaridade para avaliar novas formas de entrega de e-commerce (postos de entrega automatizados). A mesma característica sociodemográfica foi utilizada por outros estudos para identificar e caracterizar diferentes segmentos de consumidores quanto à motivação para o comportamento sustentável quando os produtos são rotulados para pegadas de carbono e água. Nguyen et al. (2019) encontraram três segmentos para e-consumidores de acordo com suas prioridades de compra: 1) consumidores orientados para o preço (ou seja, influenciados pelo custo de entrega); 2) consumidores orientados para a conveniência (ou seja, influenciados por aspectos como velocidade de entrega e flexibilidade); 3) consumidores orientados para o valor (ou seja, influenciados tanto por preços quanto por aspectos relacionados à conveniência).

No entanto, como já mencionado neste livro, os consumidores estão cada vez mais dispostos a fazer escolhas sustentáveis, muito embora a maioria deles seja pouco informada sobre como essas escolhas podem impactar a sustentabilidade da entrega do produto. Pesquisas mostram que, quanto mais educados e bem pagos são os e-consumidores, mais propensos eles estão a optar por entregas de baixa emissão de GEE (gases de efeito estufa) (Deliana; Rum, 2019). Ademais, um estudo com os consumidores e suas percepções sobre meio ambiente (e como isso pode influenciar seu comportamento na hora da compra) constatou que ainda existe uma lacuna entre a percepção e o comportamento dos indivíduos de baixo a médio nível de comportamento ambiental; o trabalho evidencia que as pessoas tendem a ter maior percepção do que seus respectivos comportamentos (Deliana; Rum, 2019).

Nesse sentido, é muito importante que varejistas e prestadores de serviços logísticos adotem estratégias sustentáveis de distribuição, mas também é necessário que os consumidores tenham um conhecimento prévio dos potenciais impactos ambientais relacionados ao transporte de sua compra, pois isso pode levar a decisões mais conscientes e favorecer uma melhor organização para a distribuição por fornecedores. Conforme veremos nos capítulos seguintes, a literatura revela que os varejistas sempre têm motivação para implementar estratégias ecológicas quando os e-consumidores apresentam preferências ou atitudes sustentáveis.

Cabe destacar ainda que uma pesquisa realizada entre jovens consumidores indianos apresentou motivação sustentável para a escolha de um canal de venda *online* (Nair; Bhattacharyya, 2019). Já uma pesquisa realizada com consumidores belgas (considerando idade, sexo e idioma) mostrou que eles concordam que dirigir menos quilômetros para entregas é relevante, mesmo que seja necessário aumentar o tempo de entrega; porém, eles não estão dispostos a pagar por entregas que empregam alternativas mais sustentáveis do que as entregas-padrão (Rai; Verlinde; Macharis, 2019).

Apesar de toda essa preocupação relatada pelos e-consumidores de outros países, a realidade brasileira parece ser diferente. Dados coletados entre fevereiro e maio de 2019, a partir das respostas de 421 indivíduos da Região Sudeste, demonstram que o fator conveniência, representado pela velocidade de entrega, é o mais importante para os e-consumidores no momento da compra, seguido do custo de entrega. Embora os e-consumidores estejam cada vez mais dispostos a fazer escolhas sustentáveis, essa amostra (65,3%) indica que o fator sustentável, representado pelas informações ambientais das entregas, foi o menos importante. Esse resultado pode ser explicado pelo fato de os consumidores estarem pouco informados sobre como suas escolhas podem afetar a sustentabilidade das entregas dos produtos. Com base nesses resultados, os autores enfatizam a importância de aumentar a disseminação de informações sobre os impactos ambientais das entregas no momento da compra, com o objetivo de ampliar a consciência do consumidor e tornar as entregas mais sustentáveis (Nogueira; Rangel; Shimoda, 2021).

Ainda, de acordo com o mesmo estudo, as mulheres têm maior probabilidade de escolher opções mais ambientalmente sustentáveis para suas compras *online*. Com relação à idade, os e-consumidores com menos de 24 anos e com mais de 49 anos são mais propensos a visar entregas mais sustentáveis em detrimento da velocidade de entrega. Por fim, o estudo demonstrou que a minoria dos consumidores entrevistados estava disposta a fazer escolhas para favorecer as entregas sustentáveis (Nogueira; Rangel; Shimoda, 2021).

2.5 Logística reversa de terceira parte

Antes de tratarmos especificamente de logística reversa de terceira parte (LRTP), precisamos abordar o que é o operador logístico (OL). De acordo com a Associação Brasileira de Operadores Logísticos (Abol, 2023), o OL desempenha um papel crucial ao coordenar todas as atividades que abrangem a cadeia logística, desde o início até o término, ou da *first mile* até a *last mile* (da primeira à última milha). A *first mile* representa a fase inicial do processo de entrega de mercadorias, em que o OL assume a responsabilidade pelo transporte do produto do fabricante para os centros de distribuição. Em contrapartida, a *last mile*, considerada a etapa mais desafiadora, envolve a entrega direta da mercadoria ao consumidor, o qual pode ser uma pessoa física ou jurídica.

O fato é que a logística tradicional e a LR apresentam um dos maiores desafios operacionais no mundo da logística de frete de comércio eletrônico, em razão do grande volume e do custo de processamento das devoluções.

Nesse contexto, algo que tem chamado bastante atenção nas operações logísticas (reversa ou direta) no e-commerce é a adoção do operador logístico de terceira parte (OLTP).

O OLTP pode ser conceituado apenas em alusão à terceirização clássica de transporte e/ou armazenamento de produtos; já em outras situações, o termo é empregado em referência a uma terceirização mais complexa e que pode abarcar todo o processo logístico.

Segundo Lieb (1992), a adoção do OLTP envolve o uso de empresas externas para realizar funções logísticas que tradicionalmente são desempenhadas dentro de uma organização. As funções desempenhadas por terceiros podem abranger todo o processo logístico ou atividades selecionadas dentro desse processo. Isso inclui transporte, armazenamento, separação e embalagem, previsão de estoque, atendimento de pedidos, embalagem e encaminhamento de frete.

De acordo com a Abol (2023), há uma série de **benefícios** associados ao uso de um OLTP, entre os quais podemos destacar os seguintes:

- Redução de custos – Os OLTPs costumam ter mais crédito com agências de frete, permitindo negociar tarifas com base no volume e na frequência do pedido.
- Ampliação ou redução dos volumes de transporte e compras ao longo dos processos de venda.
- Oferecimento de uma melhor experiência ao cliente final – Usar um provedor de logística terceirizado possibilita que o empreendedor ofereça remessas rápidas em virtude do acesso à ampla rede de distribuição do provedor de LTP (logística de terceira parte).
- Testes de novos mercados (nacionais e internacionais) – Com um servidor LTP internacional, por exemplo, o empreendedor tem a flexibilidade de testar novos mercados consumidores sem ter de se comprometer com grandes investimentos, como espaço de armazenamento ou equipe.
- Redução de riscos – Atrasos no envio podem acontecer e acontecem por uma série de razões. Quando essas situações surgem, o servidor LTP é responsável por buscar as alternativas com vistas a sanar a questão o mais breve possível. Ainda, em razão dos inúmeros benefícios (seguros etc.), o empreendedor também estará protegido em caso de danos ou perda de mercadorias.
- Obtenção de experiência e conhecimento no ramo de atuação – Esse aspecto é importante principalmente para os empreendedores iniciantes, que podem contar com um gerenciamento especializado no assunto. Processamento, armazenamento e remessa apresentam grandes desafios próprios; portanto, repassá-los aos especialistas pode realmente fazer a diferença na maneira como o negócio funciona.
- Controle da logística internacional – Se o empreendimento está trabalhando com remessas internacionais, um provedor de LTP pode cuidar de documentação, alfândega, taxas e outros problemas que surgem nas fronteiras que podem atrasar os embarques e resultar em altos custos se não forem cuidadosamente verificados.

- Geração de economia financeira – Quando se trata de armazenamento, não ter de manter seu próprio espaço e equipe pode ser uma grande economia de custos. Além disso, as empresas que fornecem uma boa previsão de estoque podem ajudar a otimizar seus níveis de estoque e economizar dinheiro em custos de manutenção.

Entretanto, apesar dessas inúmeras vantagens, a aquisição do serviço de um provedor de LTP não funciona para qualquer empreendimento. Três são as maiores **desvantagens** da contratação de um serviço LTP (Yayla et al., 2015), a saber:

- Menor controle sobre o processo de entrega – Com uma empresa cuidando do envio dos produtos, pode haver desafios quando há atrasos ou problemas no envio do pedido de um cliente. O cliente vai responsabilizar o empreendedor pelo atraso/dano, e não o provedor.
- Maior investimento inicial – Embora em longo prazo haja uma tendência em economizar, pode ser necessário um grande investimento no início das operações.
- Mais distância entre o empreendedor e o produto – O provedor de LTP que o empreendedor escolher pode posicioná-lo longe de seus produtos, o que seria um inconveniente se houver problemas de controle de qualidade ou for necessário inspecionar fisicamente o estoque por qualquer motivo.

A LRTP significa que essa modalidade logística pode ser utilizada tanto no processo direto quanto no processo reverso. Basicamente, esse processo permite a terceirização do gerenciamento da cadeia de suprimentos na LR. A integração de um provedor de logística terceirizado permite que as empresas aproveitem uma grande rede de recursos para desenvolver uma solução completa para montagem, embalagem, armazenamento e distribuição. No entanto, a seleção e a avaliação do provedor da LRTP são atividades das mais críticas, que comprometem recursos significativos e impactam o desempenho total da empresa.

Conforme a Associação de Logística Reversa Norte-Americana (RLA), as atividades de LR representam cerca de 10% dos custos totais da cadeia de suprimentos. Porém, de acordo com estudos dessa associação, caso o serviço seja ineficiente (por algum motivo), esses custos podem aumentar para 30% (Alexander; Johnston, 2022).

Nesse sentido, em razão da complexidade dos processos de LR, muitas empresas têm adotado a terceirização dos serviços de LR em seus negócios. Mas, antes de se contratar um serviço terceirizado de LR, é preciso compreender que esse tipo de serviço é uma decisão estratégica e, portanto, é necessário perceber e quantificar o impacto que ele tem no desempenho do negócio. O objetivo não deve ser tão somente a redução de custos por si só, mas uma combinação entre melhorias de serviço e operações eficientes (Sahay; Mohan, 2003).

Assim, a escolha de um OLTP deve levar em consideração os seguintes aspectos principais (Yayla et al., 2015):

- **Volumes atuais e previstos** – A escolha um OLTP deve ter em vista alguém que pode lidar com o volume de remessas atual, mas que também estará pronto para lidar com o volume futuro se, de repente, aumentarem os volumes de estoque ou ocorrer um grande aumento nas vendas.
- **Referências e desempenho empresarial** – É importante conferir as referências de outros clientes que usam o OLTP desejado e obter um relatório sobre o desempenho da empresa nos últimos anos. Convém procurar referências e informações sobre entregas no prazo *versus* atrasos e a forma como as empresas são compensadas quando há problemas. Também é possível verificar qual é a opinião dos clientes sobre o OLTP – estudos de caso de clientes e citações são um bom indicador de como ele construiu e manteve o relacionamento com o cliente.
- **Tecnologia compatível** – Se o empreendedor estiver usando um sistema de gerenciamento de estoque baseado em nuvem, ele provavelmente deve escolher uma empresa que seja igualmente avançada e pronta para se integrar ao seu *software* de controle de estoque.

Curiosidade

Lucrando com o lixo eletrônico

O processo de reciclagem de materiais eletrônicos é tão importante e necessário que a Organização das Nações Unidas (ONU), por meio de seu Programa das Nações Unidas para o Meio Ambiente (Unep), juntamente com outras instituições de pesquisas do mundo realizam anualmente um estudo acerca do lixo eletrônico gerado em todo o planeta e como isso poderia ser revertido em lucro para as empresas caso houvesse um programa eficiente de reciclagem, diminuindo, assim, seus impactos ambientais (Forti et al., 2020).

O Global E-Waste Monitor 2020 informou que, em 2019, 53,6 milhões de toneladas de materiais eletrônicos foram descartados, um aumento de 21% em relação aos anos anteriores. Contudo, apenas 17,4% desse montante foi reciclado ou reutilizado. Há uma previsão de que esse valor chegue a 74 toneladas até o ano de 2030 (Forti et al., 2020).

Ainda, o relatório aponta que metais preciosos de alto valor agregado (prata, cobre, outro etc.) presentes nesses materiais descartados estejam avaliados em aproximadamente US$ 57 bilhões – valor superior ao Produto Interno Bruto (PIB) da maioria dos países do planeta. A maioria desses metais é descartada ou queimada em vez de ser coletada para processamento e reutilização (Forti et al., 2020).

O lixo eletrônico é um risco para a saúde animal e o meio ambiente, visto que contém aditivos tóxicos ou substâncias perigosas, como o mercúrio, que causa severos danos ao cérebro humano.

Estudo de caso

Sustentabilidade nos Jogos Olímpicos de Tóquio 2020

Os Jogos Olímpicos de Tóquio 2020, realizados em 2021 em virtude da pandemia global de Covid-19, tornaram-se um extraordinário caso de sucesso no que diz respeito à sustentabilidade, destacando-se nas áreas de reciclagem e LR. Este estudo de caso examina as notáveis iniciativas implementadas pelo Comitê Olímpico local para garantir a sustentabilidade dos jogos.

Objetivos da sustentabilidade

O Comitê Olímpico de Tóquio 2020 estabeleceu alguns pilares fundamentais para promover a sustentabilidade durante os jogos:

- mudanças climáticas e carbono zero;
- implementação de práticas de economia de energia e uso de fontes renováveis;
- gestão de recursos e desperdício zero;
- adoção dos princípios dos 3Rs (reduzir, reutilizar, reciclar);
- ambiente natural e biodiversidade;
- integração harmoniosa entre ambientes naturais e urbanos;
- direitos humanos, trabalho e práticas comerciais justas;
- compromisso com os princípios norteadores sobre negócios e direitos humanos da ONU;
- envolvimento, cooperação, comunicação e engajamento da sociedade;
- colaboração entre todas as partes interessadas para criar um evento sustentável.

Reciclagem de dispositivos eletrônicos

Uma iniciativa inovadora foi o Projeto de Medalha Tóquio 2020, que coletou pequenos dispositivos eletrônicos, como telefones celulares, de todo o Japão. Durante dois anos, aproximadamente 79 mil toneladas desses dispositivos foram coletadas, resultando em metais reciclados utilizados na produção das cerca de cinco mil medalhas de ouro, prata e bronze concedidas aos atletas.

Código de fornecimento sustentável

O Comitê de Gestão dos Jogos formulou um código de fornecimento sustentável, assegurando que seus fornecedores aderissem a padrões de sustentabilidade.

Gestão de resíduos e desperdício zero

Os Jogos Olímpicos de Tóquio 2020 trabalharam no tema *desperdício zero*, gerenciando recursos de forma eficiente e buscando interromper o desmatamento e a devastação de terras. Isso incluiu a redução do desperdício alimentar, o uso de materiais recicláveis, a reutilização ou reciclagem de itens adquiridos e a promoção do uso de recursos renováveis.

Resultados

Aproximadamente 99% dos itens adquiridos foram reutilizados ou reciclados.

Metais reciclados foram utilizados para todas as medalhas, totalizando 32 kg de ouro, 3.500 kg de prata e 2.200 kg de bronze.

As camas dos atletas foram feitas de papelão resistente e recicladas após os jogos.

Conclusão

Os Jogos Olímpicos de Tóquio 2020 estabeleceram um padrão notável em sustentabilidade, promovendo a reciclagem, a LR e a gestão eficiente de recursos. Esse caso exemplar evidencia o potencial impacto positivo que eventos de grande escala podem ter no desenvolvimento de práticas sustentáveis e no fomento de uma consciência global em relação ao meio ambiente.

Fonte: Elaborado com base em The Tokyo Organising Committee of the Olympic and Paralympic Games, 2020.

Síntese

No início do capítulo, destacamos que a LR é um diferencial competitivo para as empresas, isso porque há uma série de questões que devem ser levadas em consideração, como as políticas ambientais e as legislações vigentes, a própria percepção dos clientes sobre sustentabilidade e a escassez de matérias-primas. No entanto, vimos também que há uma série de barreiras para a sua implementação.

Nesse contexto, notamos que a LR pode ser implementada em duas etapas do processo: a LR de pós-venda, que se refere ao retorno de produtos que, por algum motivo (defeitos, desgosto do cliente etc.), precisam retornar ao empreendedor, e a LR de pós-consumo, que se refere basicamente ao retorno de produtos que chegam ao fim de sua vida útil.

Além disso, uma pesquisa realizada em 2019 mostrou que a maioria dos clientes já recebeu seu produto com algum defeito, buscou informações sobre a política de troca e/ou devoluções ou adquiriu produtos que geraram troca ou devolução em uma loja física (Souza; Ferreira; Arantes, 2019). Todas essas informações indicam que a LR, de fato, é algo que precisa ser levado em consideração pelas organizações.

Por fim, abordamos o tema da LRTP, que pode ser conduzida por um provedor terceirizado. A seleção e a avaliação desse provedor são atividades das mais críticas, que comprometem recursos significativos e impactam o desempenho total da empresa.

Questões para revisão

1. A LR pode ser entendida como um processo de movimentação de produtos desde o seu destino final tradicional até um outro ponto, com a finalidade de capturar valor que de outra forma não estaria disponível ou promover o descarte adequado dos produtos. Assinale a opção que aponta os dois mais conhecidos tipos de LR:

    a. LR do cliente e LR do produto.
    b. LR de pós-venda e LR de pós-consumo.
    c. LR de produto e LR de serviço.
    d. Logística direta e LR.

2. A LR é praticada em muitos setores, e seu uso eficaz pode ajudar uma empresa a competir em todos os tipos de vantagens. Assinale a opção que apresenta o conceito de LR de pós-venda:

   a. É caracterizada pelo retorno das mercadorias vendidas que não foram usadas ou tiveram pouco uso.
   b. É a LR que é necessária quando o produto chega ao fim de seu ciclo de vida.
   c. Pode ser compreendida como o fluxo da cadeia de suprimentos que começa com a matéria-prima e vai até o produto final, passando pelo processo de distribuição até a entrega ao consumidor final.
   d. É uma estratégia de utilização de diferentes canais de comunicação de forma simultânea e inter-relacionada, com o objetivo de estreitar os relacionamentos *online* e *offline*.

3. A LR de pós-consumo é caracterizada pelo retorno dos materiais que são originários do descarte de produtos após o fim de sua vida útil e que, por sua vez, retornam ao ciclo produtivo. Assinale a opção que **não** apresenta um dos três canais de distribuição reversos:

   a. Canal de reúso.
   b. Canal de reciclagem.
   c. Canal de desmanche.
   d. Canal de venda.

4. Cite duas vantagens e dois impeditivos da implantação da LR nos negócios.

5. Acredita-se que a LR eficaz resulta em vários benefícios diretos, incluindo maior satisfação do cliente, redução dos níveis de investimento de recursos e redução dos custos de armazenamento e distribuição. Nesse contexto, encontramos a logística reversa de terceira parte (LRTP), que pode ser uma excelente opção para determinados tipos de negócios. Descreva, sucintamente, qual é o conceito de LRTP.

Questões para reflexão

1. Diante da grande crise ambiental vivenciada pela humanidade, em sua opinião, de que maneira a LR de pós-consumo poderia auxiliar para diminuir essa pegada ambiental?

2. Você já usou algum tipo de serviço de LR de pós-consumo? Em caso afirmativo, como foi essa experiência? Conte para seus colegas como foi e quais foram as vantagens e as desvantagens que você observou durante esse processo. Troquem essas informações e debatam sobre os pontos em comum.

Legislação ambiental aplicada à logística reversa

Conteúdos do capítulo

- Legislações brasileiras e internacionais relacionadas à logística reversa.
- A importância da Política Nacional de Resíduos Sólidos para a logística reversa.
- Legislações do Conselho Nacional do Meio Ambiente (Conama) para a logística reversa.

Após o estudo deste capítulo, você será capaz de:

1. reconhecer as políticas e normativas relacionadas à logística reversa no Brasil, na Europa e nos Estados Unidos da América (EUA);
2. compreender de que maneira a Política Nacional de Resíduos Sólidos contribui para a implantação da logística reversa;
3. identificar as legislações do Conama específicas para diferentes produtos na logística reversa de pós-consumo.

capítulo 3

Em 2016, um estudo constatou que quase 9% dos produtos comprados nas lojas físicas são devolvidos e que 30% das mercadorias compradas em lojas *online* são devolvidas (Saleh, 2016). Esse resultado indica que as taxas de retorno para lojas de comércio eletrônico são mais do que o dobro das taxas para lojas físicas.

Tudo isso totalizou um gasto de aproximadamente 260 bilhões de dólares em logística reversa (LR) somente nos EUA. Esse alto custo se deve sobretudo a um sistema imperfeito em quase todo o processo. Nesse sentido, as organizações estão buscando formas de melhorar e agilizar o processo de devolução sem causar maiores transtornos aos seus clientes.

Sendo a LR o transporte de mercadorias do cliente de volta ao vendedor ou fabricante após a venda, seja pelo fato de o produto ter chegado ao fim de sua vida útil, seja por algum outro motivo, há uma grande necessidade de que esses processos sejam balizados por determinadas legislações nacionais e internacionais.

Assim, o objetivo deste capítulo é apresentar a você, leitor, de forma prática e objetiva, as principais legislações e normativas – nacionais e internacionais – acerca da LR.

3.1 Legislação básica associada à logística reversa

A fim de facilitar a visualização e o acesso às legislações citadas, optamos por descrever as leis, as portarias, os decretos e as resoluções sobre a LR no Quadro 3.1.

Quadro 3.1 – Leis, portarias, decretos e resoluções relacionados à LR no Brasil

Leis	
Lei n. 12.305, de 2 de agosto de 2010 (Brasil, 2010b)	Institui a Política Nacional de Resíduos Sólidos (PNRS).
Lei n. 9.974, de 6 de junho de 2000 (Brasil, 2000)	Versa sobre a pesquisa, a experimentação, a produção, a embalagem e rotulagem, o transporte, o armazenamento, a comercialização, a propaganda comercial, a utilização, a importação, a exportação, o destino final dos resíduos e embalagens, o registro, a classificação, o controle, a inspeção e a fiscalização de agrotóxicos, seus componentes e afins, e dá outras providências.
Decretos	
Decreto n. 10.388, de 5 de junho de 2020 (Brasil, 2020b)	Regulamenta o parágrafo 1º do *caput* do art. 33 da Lei n. 12.305/2010 e institui o sistema de logística reversa de medicamentos domiciliares vencidos ou em desuso, de uso humano, industrializados e manipulados, e de suas embalagens após o descarte pelos consumidores.
Decreto n. 10.240, de 12 de fevereiro de 2020 (Brasil, 2020a)	Regulamenta o inciso VI do *caput* do art. 33 e o art. 56 da Lei n. 12.305/2010 e complementa o Decreto n. 9.177, de 23 de outubro de 2017, quanto à implementação de sistema de logística reversa de produtos eletroeletrônicos e seus componentes de uso doméstico.
Decreto n. 9.177, de 23 de outubro de 2017 (Brasil, 2017a)	Regulamenta o art. 33 da Lei 12.305/2010.

(continua)

(Quadro 3.1 – continuação)

Decretos	
Decreto n. 4.074, de 4 de janeiro de 2002 (Brasil, 2002)	Regulamenta a Lei n. 7.802, de 11 de julho de 1989 (Brasil, 1989), que dispõe sobre a pesquisa, a experimentação, a produção, a embalagem e rotulagem, o transporte, o armazenamento, a comercialização, a propaganda comercial, a utilização, a importação, a exportação, o destino final dos resíduos e embalagens, o registro, a classificação, o controle, a inspeção e a fiscalização de agrotóxicos, seus componentes e afins, e dá outras providências.
Decreto n. 7.404, de 23 de dezembro de 2010 (Brasil, 2010a)	Regulamenta a Lei 12.305/2010, cria o Comitê Interministerial da Política Nacional de Resíduos Sólidos e o Comitê Orientador (Cori) para implantação dos sistemas de LR.
Portarias	
Portaria n. 326, de 5 de setembro de 2014 (Brasil, 2014b), do Ministério do Meio Ambiente	Torna pública a abertura de processo de consulta pública da minuta de acordo setorial para a implantação de sistema de LR de embalagens em geral.
Portaria n. 327, de 5 de setembro de 2014 (Brasil, 2014c), do Ministério do Meio Ambiente	Torna pública a abertura de processo de consulta pública da proposta de acordo setorial para a implantação de sistema de LR de lâmpadas fluorescentes de vapor de sódio e mercúrio e de luz mista.
Portaria n. 390, de 23 de outubro de 2014 (Brasil, 2014d), do Ministério do Meio Ambiente	Prorroga o prazo de consulta pública da minuta de acordo setorial para a implantação de sistema de LR de embalagens em geral.
Portaria n. 199, de 15 de junho de 2012 (Brasil, 2012), do Ministério do Meio Ambiente	Torna pública a abertura de processo de consulta pública da proposta de acordo setorial para a implantação de sistema de LR de embalagens plásticas de óleo lubrificante.

(Quadro 3.1 – conclusão)

Resoluções	
Resolução n. 5.848, de 25 de junho de 2019 (Brasil, 2019), da Agência Nacional de Transportes Terrestres (ANTT)	Atualiza o regulamento para o transporte rodoviário de produtos perigosos e dá outras providências.
Resolução n. 5.232, de 16 de dezembro 2016 (Brasil, 2016), da ANTT	Aprova as instruções complementares ao regulamento terrestre do transporte de produtos perigosos e seu anexo.
Resolução n. 465, de 5 de dezembro de 2014 (Brasil, 2014a), do Conselho Nacional do Meio Ambiente (Conama)	De acordo com a legislação federal, cada participante do sistema de LR de embalagens de agrotóxicos tem seu papel bem definido no âmbito das responsabilidades compartilhadas.
Resoluções	
Resolução n. 401, de 4 de novembro de 2008 (Brasil, 2008), do Conama	Estabelece os limites máximos de chumbo, cádmio e mercúrio para pilhas e baterias comercializadas no território nacional e os critérios e padrões para o seu gerenciamento ambientalmente adequado, e dá outras providências.
Resolução n. 416, de 30 de setembro de 2009 (Brasil, 2009), do Conama	Dispõe sobre a prevenção à degradação ambiental causada por pneus inservíveis e sua destinação ambientalmente adequada, e dá outras providências.
Resolução n. 362, de 23 de junho de 2005 (Brasil, 2005), do Conama	Dispõe sobre o recolhimento, coleta e destinação final de óleo lubrificante usado ou contaminado.

É importante notar que não há nenhuma resolução que verse exclusivamente sobre o comércio eletrônico, objeto desta obra. Nesse sentido, vamos sempre tentar atrelar essas legislações ao que é praticado no e-commerce. Ainda, é fundamental manter-se atualizado em relação a essas legislações, tendo em vista suas constantes mudanças e atualizações.

3.2 A logística reversa e a PNRS

A Política Nacional de Resíduos Sólidos (PNRS) – Lei 12.305/2010 – é a mais importante legislação relacionada ao tema em nosso país. No entanto, ela é relativamente recente, tendo sido instituída no ano de 2010.

Uma curiosidade sobre essa lei é que ela demorou quase 20 anos para ser aprovada em nosso Congresso Nacional. Mas nem por isso ela se mostra defasada.

Como o alvo dessa obra é a LR, vamos nos concentrar nessa temática. Na própria PNRS, há uma conceituação da LR:

Art. 3º [...] XII – logística reversa: instrumento de desenvolvimento econômico e social caracterizado por um conjunto de ações, procedimentos e meios destinados a viabilizar a coleta e a restituição dos resíduos sólidos ao setor empresarial, para reaproveitamento, em seu ciclo ou em outros ciclos produtivos, ou outra destinação final ambientalmente adequada. (Brasil, 2010b)

Nessa mesma lei, há dois artigos dedicados exclusivamente ao tema, reproduzidos na íntegra a seguir:

Art. 33. **São obrigados a estruturar e implementar sistemas de logística reversa**, *mediante retorno dos produtos após o uso pelo consumidor, de forma independente do serviço público de limpeza urbana e de manejo dos resíduos sólidos, os fabricantes, importadores, distribuidores e comerciantes de:*

I – **agrotóxicos, seus resíduos e embalagens, assim como outros produtos cuja embalagem, após o uso, constitua resíduo perigoso**, *observadas as regras de gerenciamento de resíduos perigosos previstas em lei ou regulamento,* em normas estabelecidas pelos órgãos do Sisnama*, do SNVS** e do Suasa***, ou em normas técnicas;

II – pilhas e baterias;

III – pneus;

IV – óleos lubrificantes, seus resíduos e embalagens;

V – lâmpadas fluorescentes, de vapor de sódio e mercúrio e de luz mista;

VI – produtos eletroeletrônicos e seus componentes.

§ 1º Na forma do disposto em regulamento ou em acordos setoriais e termos de compromisso firmados entre o poder público e o setor empresarial, **os sistemas previstos no caput serão estendidos a produtos comercializados em embalagens plásticas, metálicas ou de vidro, e aos demais produtos e embalagens, considerando, prioritariamente, o grau e a extensão do impacto à saúde pública e ao meio ambiente dos resíduos gerados.**

§ 2º A definição dos produtos e embalagens a que se refere o § 1º **considerará a viabilidade técnica e econômica da logística reversa, bem como o grau e a extensão do impacto à saúde pública e ao meio ambiente dos resíduos gerados.**

---

*   "Criado pela Lei 6.938/1981, regulamentada pelo Decreto 99274/1990, o Sistema Nacional de Meio Ambiente (Sisnama) é a estrutura adotada para a gestão ambiental no Brasil, e é formado pelos órgãos e entidades da União, dos Estados, do Distrito Federal e dos Municípios responsáveis pela proteção, melhoria e recuperação da qualidade ambiental no Brasil" (Brasil, 2017b).

**   O Sistema Nacional de Vigilância Sanitária (SNVS) representa uma ferramenta central para a consecução dos objetivos de prevenção e promoção da saúde pelo Sistema Único de Saúde (SUS). O SNVS abrange unidades nos três níveis de governo – federal, estadual e municipal –, com responsabilidades compartilhadas. As entidades federais incluem a Agência Nacional de Vigilância Sanitária (Anvisa) e o Instituto Nacional de Controle de Qualidade em Saúde (INCQS/Fiocruz). No âmbito estadual, as agências de vigilância sanitária e os Laboratórios Centrais (Lacens) operam em cada uma das 27 unidades da Federação. Nos municípios, os serviços de Vigilância Sanitária (Visa) estão presentes nos 5.561 municípios brasileiros, alguns em fase de organização. Participam de maneira indireta do Sistema os Conselhos de Saúde e os Conselhos de Secretários de Saúde. Há também interação e cooperação com o Sistema por parte de órgãos e instituições, governamentais ou não, de diversas áreas (Brasil, 2023).

***   "O Sistema Unificado de Atenção à Sanidade Agropecuária – Suasa tem o propósito de organizar as ações de vigilância e defesa sanitária dos animais e vegetais" (Embrapa, 2023).

§ 3° Sem prejuízo de exigências específicas fixadas em lei ou regulamento, em normas estabelecidas pelos órgãos do Sisnama e do SNVS, ou em acordos setoriais e termos de compromisso firmados entre o poder público e o setor empresarial, **cabe aos fabricantes, importadores, distribuidores e comerciantes dos produtos a que se referem os incisos II, III, V e VI ou dos produtos e embalagens a que se referem os incisos I e IV do caput e o § 1° tomar todas as medidas necessárias para assegurar a implementação e operacionalização do sistema de logística reversa sob seu encargo,** *consoante o estabelecido neste artigo, podendo, entre outras medidas:*

I – implantar procedimentos de compra de produtos ou embalagens usados;

II – disponibilizar postos de entrega de resíduos reutilizáveis e recicláveis;

III – atuar em parceria com cooperativas ou outras formas de associação de catadores de materiais reutilizáveis e recicláveis, nos casos de que trata o § 1°.

§ 4° Os consumidores deverão efetuar a devolução após o uso, aos comerciantes ou distribuidores, dos produtos e das embalagens a que se referem os incisos I a VI do caput, e de outros produtos ou embalagens objeto de logística reversa, na forma do § 1°.

§ 5° Os comerciantes e distribuidores deverão efetuar a devolução aos fabricantes ou aos importadores dos produtos e embalagens reunidos ou devolvidos na forma dos §§ 3° e 4°.

§ 6° Os fabricantes e os importadores darão destinação ambientalmente adequada aos produtos e às embalagens reunidos ou devolvidos, sendo o rejeito encaminhado para a disposição final ambientalmente adequada, na forma estabelecida pelo órgão competente do Sisnama e, se houver, pelo plano municipal de gestão integrada de resíduos sólidos.

§ 7° Se o titular do serviço público de limpeza urbana e de manejo de resíduos sólidos, por acordo setorial ou termo de compromisso firmado com o setor empresarial, **encarregar-se de atividades de responsabilidade dos**

fabricantes, importadores, distribuidores e comerciantes nos sistemas de logística reversa dos produtos e embalagens a que se refere este artigo, as ações do poder público serão devidamente remuneradas, na forma previamente acordada entre as partes.

§ 8º Com exceção dos consumidores, todos os participantes dos sistemas de logística reversa manterão atualizadas e disponíveis ao órgão municipal competente e a outras autoridades informações completas sobre a realização das ações sob sua responsabilidade.

Art. 34. Os acordos setoriais ou termos de compromisso referidos no inciso IV do caput do art. 31 e no § 1º do art. 33 podem ter abrangência nacional, regional, estadual ou municipal.

§ 1º Os acordos setoriais e termos de compromisso firmados em âmbito nacional têm prevalência sobre os firmados em âmbito regional ou estadual, e estes sobre os firmados em âmbito municipal.

§ 2º Na aplicação de regras concorrentes consoante o § 1º, os acordos firmados com menor abrangência geográfica podem ampliar, mas não abrandar, as medidas de proteção ambiental constantes nos acordos setoriais e termos de compromisso firmados com maior abrangência geográfica. (Brasil, 2010b, grifo nosso)

Vale ressaltar que demos destaque para as partes fundamentais da lei no que se refere ao entendimento da LR. Portanto, em resumo, podemos afirmar que os responsáveis pela LR são os fabricantes de:

- agrotóxicos, seus resíduos e embalagens, assim como outros produtos cuja embalagem, após o uso, constitua resíduo perigoso;
- pilhas e baterias;
- pneus;
- óleos lubrificantes, seus resíduos e embalagens;
- lâmpadas fluorescentes, de vapor de sódio e mercúrio e de luz mista;
- produtos eletroeletrônicos e seus componentes;
- medicamentos domiciliares vencidos ou em desuso.
- Cada um desses itens (exceto o primeiro) será tratado na próxima seção.

3.3 Legislações do Conama e a logística reversa

O Conselho Nacional do Meio Ambiente (Conama) foi criado no ano de 1982 por meio da Política Nacional do Meio Ambiente – Lei n. 6.938, de 31 de agosto de 1981 (Brasil, 1981). O referido órgão tem por função auxiliar o governo em relação às políticas a serem tomadas no intuito da exploração e preservação dos recursos naturais e do meio ambiente, visando garantir o que é estabelecido no art. 225 da Constituição Federal de 1988 (Brasil, 1988): "Todos têm direito ao meio ambiente ecologicamente equilibrado, bem de uso comum do povo e essencial à sadia qualidade de vida, impondo-se ao poder público e à coletividade o dever de defendê-lo e preservá-lo para as presentes e futuras gerações".

Assim, podemos concluir que, em geral, as resoluções criadas por esse órgão têm com principal função evitar ou minimizar os impactos ambientais provenientes dessas práticas. Por meio da Resolução n. 1, de 23 de janeiro de 1986 (Brasil, 1986), o Conama define *impacto ambiental* da seguinte forma:

> *Art. 1º Para efeito desta Resolução, considera-se impacto ambiental qualquer alteração das propriedades físicas, químicas e biológicas do meio ambiente, causada por qualquer forma de matéria ou energia resultante das atividades humanas que, direta ou indiretamente, afetam:*
>
> *I – a saúde;*
>
> *II – a segurança e o bem-estar da população;*
>
> *III – as atividades sociais e econômicas;*
>
> *IV – a biota;*
>
> *V – as condições estéticas e sanitárias do meio ambiente;*
>
> *VI – a qualidade dos recursos ambientais.*

O Conama, portanto, pode criar e determinar legislações e ações com esse intuito. Com relação à LR, há legislações específicas estabelecidas pelo Conama (citadas no Quadro 3.1). Aqui, vamos abordar alguns aspectos importantes sobre cada uma delas.

3.3.1 Pilhas e baterias

A Resolução n. 401/2008 do Conama, bem como a PNRS, preconiza que os responsáveis pela fabricação, importação, distribuição e comercialização de pilhas e baterias devem criar um sistema de LR para esses produtos por meio de pontos de coleta onde o consumidor final possa descartá-los (de maneira ambientalmente adequada) após o consumo (Figura 3.1). Vale lembrar que a resolução também impôs novas medidas para a composição de pilhas e baterias.

Figura 3.1 – Ciclo da LR para pilhas e baterias

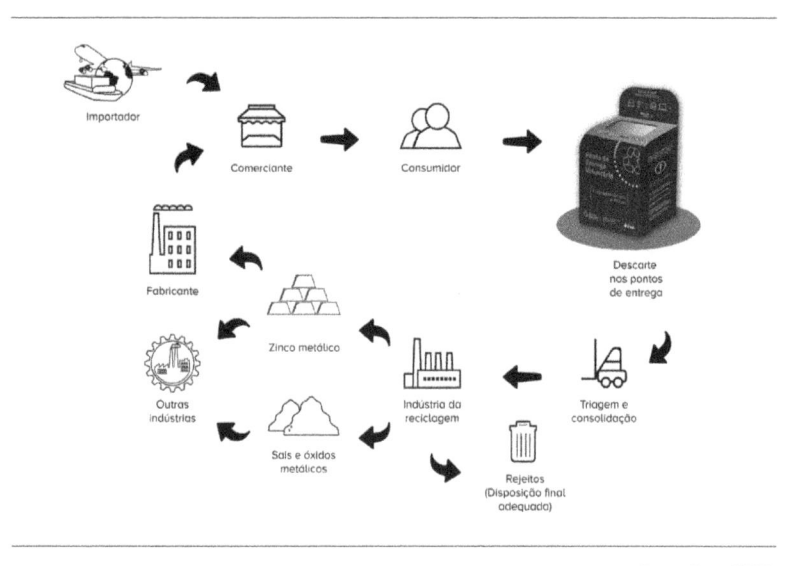

Fonte: Sinir, 2023.

3.3.2 Pneus inservíveis

Especificamente para os pneus, a Resolução n. 416/2009 do Conama estabelece que, para cada pneu fabricado e comercializado, os fabricantes devem dar a destinação final correta a um pneu inservível. Nesse caso, é de responsabilidade dos fabricantes coletar e destinar corretamente esse produto por meio de pontos de coleta adequados e acessíveis aos consumidores (Figura 3.2).

Figura 3.2 – Ciclo da LR para pneus inservíveis

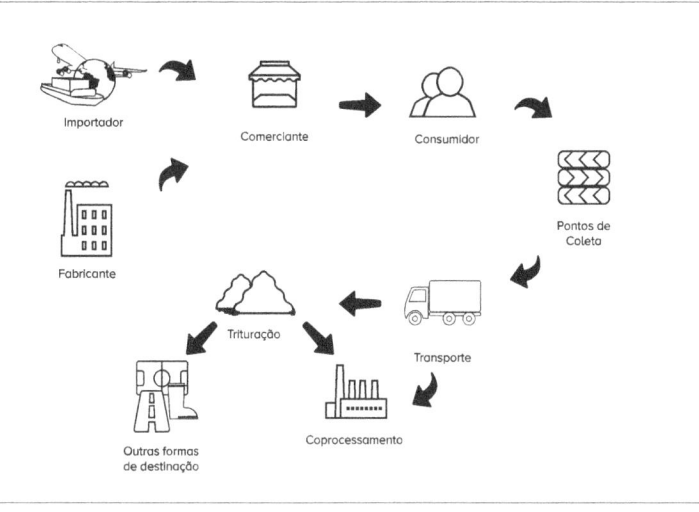

[Fluxograma com os seguintes elementos: Importador, Comerciante, Consumidor, Pontos de Coleta, Transporte, Coprocessamento, Trituração, Outras formas de destinação, Fabricante]

Fonte: Sinir, 2023.

Já sabemos que os pneus inservíveis, quando descartados inadequadamente, podem ter um grande impacto para a saúde humana e ambiental. Portanto, os fabricantes e os importadores de pneus novos devem declarar a destinação correta dos resíduos de pneus ao Instituto Brasileiro do Meio Ambiente e dos Recursos Naturais Renováveis (Ibama) por meio do Cadastro Técnico Federal (CTF) no prazo máximo de um ano.

3.3.3 Óleos lubrificantes

Por ser um produto altamente tóxico, a Resolução n. 362/2005 do Conama preconiza que "todo óleo lubrificante usado ou contaminado deverá ser destinado à reciclagem por meio do processo de rerrefino". O rerrefino é um processo industrial utilizado na reciclagem e recuperação dos óleos usados.

Assim, é obrigação do produtor realizar ou garantir a coleta e destinar corretamente o produto final (Figura 3.3).

Figura 3.3 – Ciclo da LR para óleos lubrificantes usados ou contaminados

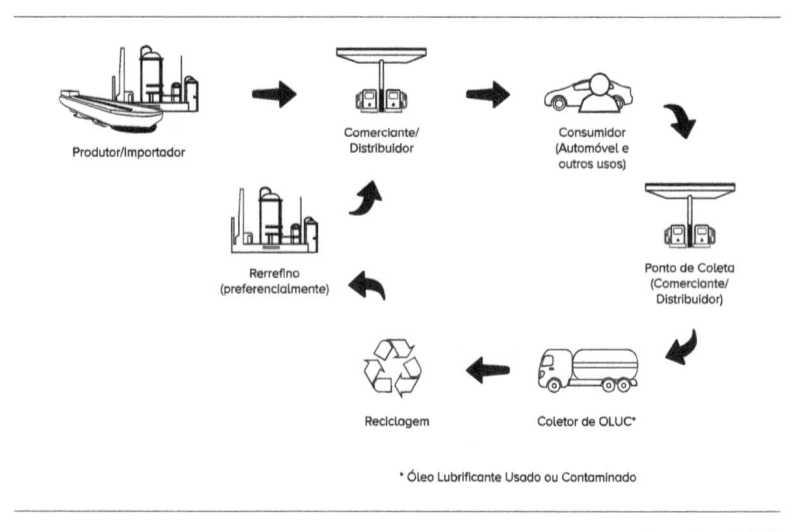

Produtor/Importador → Comerciante/Distribuidor → Consumidor (Automóvel e outros usos) → Ponto de Coleta (Comerciante/Distribuidor) → Coletor de OLUC* → Reciclagem → Rerrefino (preferencialmente)

* Óleo Lubrificante Usado ou Contaminado

Fonte: Sinir, 2023.

3.3.4 Lâmpadas

As lâmpadas fluorescentes, de vapor de sódio e mercúrio e de luz mista não devem ser descartadas com o lixo comum. O consumidor deve descartar a lâmpada nos pontos de recebimento instalados em diferentes locais. O processo de LR da lâmpada inclui o gerenciamento de coleta, transporte, triagem, consolidação e descarte na indústria de reciclagem (Figura 3.4).

Figura 3.4 – Ciclo da LR para lâmpadas fluorescentes, de vapor de sódio e mercúrio e de luz mista

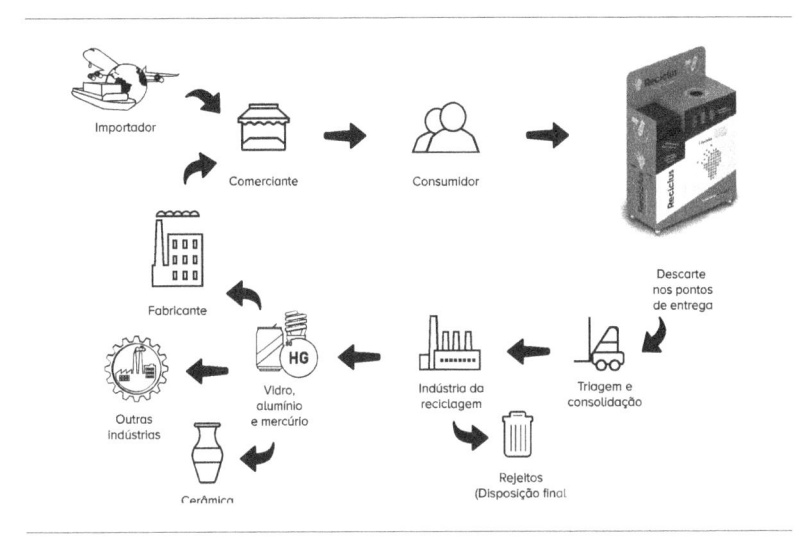

Fonte: Sinir, 2023.

3.3.5 Eletrônicos e seus componentes

No fim de sua vida útil, os produtos eletrônicos devem ser descartados de maneira correta pelo fato de seus componentes terem diferentes níveis de toxicidade. Desse modo, tal como já observado em relação aos produtos anteriores, o consumidor deve ter à disposição um local apropriado para o descarte desses equipamentos, para que o setor empresarial possa realizar a coleta, o tratamento e a destinação final adequados (Figura 3.5).

Figura 3.5 – Ciclo da LR para produtos eletrônicos e seus componentes

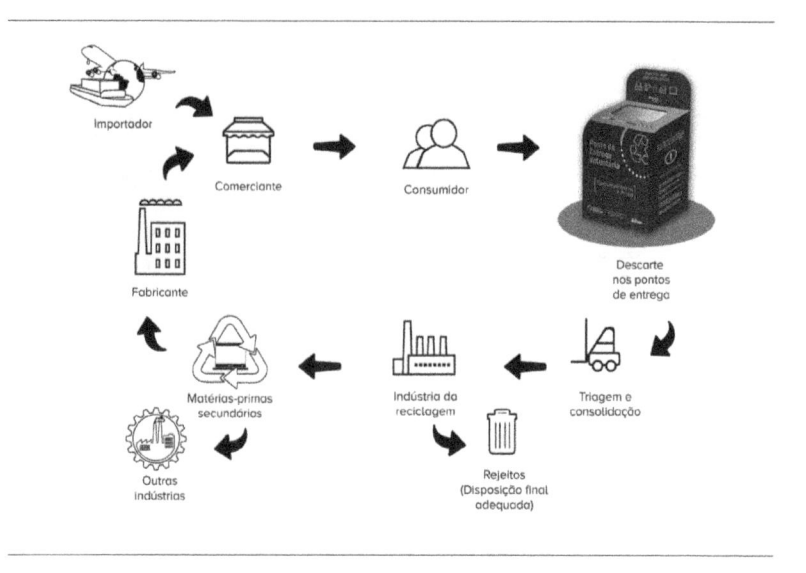

Fonte: Sinir, 2023.

3.3.6 Medicamentos vencidos

A questão do descarte de medicamentos vencidos é muito importante, visto que, habitualmente, isso era feito no lixo comum ou no esgoto das residências. A ciência já provou o quão danoso essa atitude é para a saúde humana e ambiental.

Por isso, houve a publicação do Decreto n. 10.388/2020, que instituiu a LR de medicamentos domiciliares vencidos ou em desuso, de uso humano, industrializados e manipulados, bem como de suas embalagens, após o descarte pelos consumidores.

Esse decreto determina que os comerciantes devem definir os pontos de coleta desses produtos para que os consumidores possam realizar o descarte. Os distribuidores devem custear a coleta nesses pontos de armazenamento e transportar até os pontos de armazenamento secundário. Os fabricantes e os importadores, por sua vez, devem arcar com as despesas do transporte dos medicamentos, desde os pontos de armazenamento secundário até os locais de destinação final ambientalmente apropriada (Sinir, 2023).

Figura 3.6 – Ciclo da LR para medicamentos, seus resíduos e embalagens

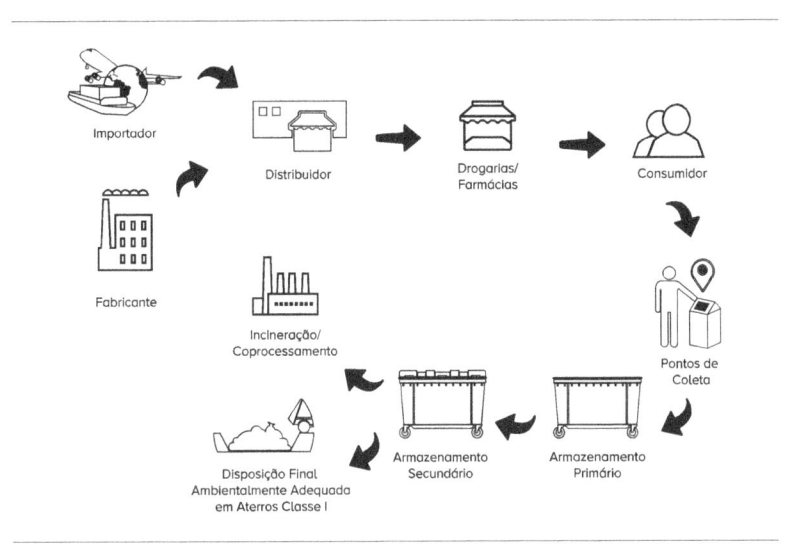

Fonte: Sinir, 2023.

3.4 Políticas internacionais sobre logística reversa na Europa

A Europa sempre teve um movimento "verde" forte. Atualmente, esse movimento foi traduzido em mandatos específicos que os fabricantes terão de seguir para fazer negócios na região. Um país líder nesse sentido é a Holanda, que adotou a legislação de LR em 1999 (Brito, Dekker, 2004).

De acordo com o programa holandês, os fabricantes devem não apenas desenvolver um plano de fabricação e distribuição de produtos, mas também planejar a eventual reciclagem e reutilização desses produtos e seus componentes depois de o último usuário descartá-los. Esse processo de planejamento pode estar associado ao *design* do produto para facilitar a desmontagem e a reciclagem. Em qualquer caso, os produtores (fabricantes) e os importadores têm a responsabilidade final pela coleta, processamento e reciclagem dos produtos da "linha branca" (como geladeiras, refrigeradores, *freezers*, máquinas de lavar e secadores de cabelo) e de outros eletrodomésticos, como aparelhos de televisão e alto-falantes (Kulwiec, 2006).

Assim como em outros países do mundo, a legislação governamental que está vigorando na maior parte dos países da União Europeia (UE) já expressa claramente o objetivo da LR: reintegrar os produtos usados nos processos produtivos de forma a encerrar seu ciclo de vida.

Seguindo o exemplo holandês, a UE emitiu uma diretiva sobre resíduos de equipamentos elétricos e eletrônicos (REEE). A diretiva estabelece critérios para a coleta, o tratamento, a reciclagem e a recuperação de REEE. Torna os produtores (fabricantes) responsáveis pelo financiamento da maior parte dessas atividades. Os proprietários podem devolver os REEE sem nenhum custo (Brito; Dekker, 2004).

Nesse contexto legislativo, a diretriz mais importante é a **Diretiva Europeia 94/62/CE** (Comunidade Europeia), relativa às embalagens e aos resíduos de embalagens (União Europeia, 1994). Ainda, os países membros da UE seguem a **Diretiva Europeia 2008/98/CE** (União Europeia, 2008), que versa sobre os resíduos sólidos e obriga esses países a desenvolver políticas de gestão sobre esse tema (Brito; Dekker, 2004).

Na primeira diretriz, o principal objetivo é harmonizar as medidas de gestão de embalagens e os resíduos de embalagens de forma a evitar ou reduzir seu impacto ambiental, aumentando, assim, os níveis de proteção ambiental. Para atingirem esse objetivo geral, os fabricantes que utilizam **qualquer tipo de embalagem** são responsáveis pela recuperação de uma porcentagem do que colocam no mercado. Essa parece ser a melhor maneira de evitar a geração de resíduos pelo seu reaproveitamento.

Já a segunda diretriz, de acordo com Silva e Mattos (2019), prevê o conceito de hierarquia de resíduos, que deve ser aplicado na política de resíduos. Essa hierarquia obedece à seguinte ordem: prevenção, preparação para reutilização, reciclagem, outras formas de valorização e eliminação em locais adequados do ponto de vista ambiental.

Ainda, assim como no Brasil, há outros diversos setores que participam do processo de LR na Europa: veículos em fim de vida, incluindo seus componentes – Diretiva 2000/53/CE (União Europeia, 2000), pneus usados, pilhas e baterias – Diretiva 2006/66/CE (União Europeia, 2006), óleos usados – Diretiva 2008/98/CE (União Europeia, 2008) e equipamentos eletrônicos – Diretiva 2002/96/CE (União Europeia, 2003b) e Diretiva 2002/95/CE (União Europeia, 2003a).

Destacamos aqui que cada país da UE tem as próprias legislações federais acerca dos resíduos sólidos e da LR. Na Alemanha, por exemplo, há um modelo de gestão de resíduos denominado *lixo zero*, em que os processos de reaproveitamento e reciclagem são tão valorizados e eficientes que o volume de resíduos destinados aos aterros é muito pequeno se comparado ao de outros países.

González-Torre, Adenso-Díaz e Artiba (2004) observam que a Diretiva Europeia 94/62/CE, referente a embalagens e resíduos de embalagens, forçou os fabricantes a recuperar uma quantidade significativa de embalagens e resíduos dos produtos que comercializam. Subramanian, Talbot e Gupta (2010) afirmam que a fabricação de produtos eletrônicos e elétricos enfrenta o dilema de cumprir a Diretiva 2003/108/CE (União Europeia, 2003c) para o gerenciamento de resíduos elétricos e eletrônicos, bem como a Diretiva 2002/96/CE para a restrição de substâncias perigosas. Conforme Gottberg et al. (2006), esta última diretiva é uma boa força motriz para a implementação da concepção ecológica por empresas altamente poluentes.

3.5 Políticas internacionais sobre logística reversa nos EUA

Umas das primeiras legislações norte-americanas sobre a gestão dos resíduos sólidos é datada de 1965 – Federal Solid Waste Disposal Act. Já em 1976, essa lei foi complementada pela Lei de Conservação e Recuperação (Resource Conservation and Recovery Act – RCRA), que versava principalmente sobre a disposição final segura para os resíduos perigosos (EPA, 2023).

No entanto, é sempre bom destacar que o principal órgão que estabelece as normativas e padronizações nacionais sobre os resíduos é a Agência de Proteção Ambiental Norte-Americana (EPA) (United States Environmental Protection Agency) (EPA, 2023).

Na sequência, em 1984, foi aprovada a lei relacionada à conservação e recuperação de resíduos perigosos, em que foram revistas questões relativas aos aterros sanitários em relação ao gerenciamento dos resíduos perigosos (EPA, 2023).

Assim como no Brasil, as principais leis relacionadas à LR nos EUA se referem a resíduos perigosos, medicamentos e afins. Como não se trata do objetivo deste livro, não vamos nos aprofundar nesse assunto.

Nos EUA, a pesquisa em LR é apoiada pelo Reverse Logistics Executive Council (RLEC), uma associação de profissionais e acadêmicos. A sede é o Centro de Gestão de Logística da Universidade de Nevada, em Reno. Outro grupo relevante é a Reverse Logistics Association (RLA), uma associação comercial sediada em Fremont, Califórnia, para prestadores de serviços terceirizados que fornecem serviços de LR para fabricantes e outros (RLA, 2023).

Especificamente sobre o comércio eletrônico, diferentemente do Brasil, os EUA não dispõem de uma legislação nacional sobre devoluções e reembolsos de produtos, ficando a critério do empreendedor. Contudo, cada estado norte-americano deve exigir que seus varejistas tenham essa política.

Estudo de caso

Desafios na implementação da LR na indústria de eletrodomésticos no Brasil

A empresa ABC Eletrodomésticos (nome fictício), uma das líderes no mercado brasileiro, está enfrentando desafios significativos na implementação da LR para seus produtos, em conformidade com as legislações ambientais aplicáveis. O setor de eletrodomésticos, por sua natureza, gera resíduos consideráveis, e a empresa busca alinhar suas práticas à PNRS e às normativas do Conama.

Problema apresentado: a ABC Eletrodomésticos identificou que, apesar do comprometimento com a sustentabilidade, enfrenta dificuldades na efetiva implementação da LR. O principal desafio é alinhar suas operações com as legislações brasileiras, europeias e dos Estados Unidos, considerando as especificidades de cada região.

Desafios específicos:

- Conhecimento das legislações internacionais – A empresa enfrenta obstáculos na compreensão das legislações de LR em mercados internacionais, prejudicando a expansão global.
- Integração com a PNRS – Apesar do compromisso com a PNRS, a ABC Eletrodomésticos enfrenta dificuldades na incorporação efetiva dos princípios da política em suas operações diárias.
- Adaptação às normativas do Conama – A empresa precisa entender e aplicar as legislações específicas do Conama relacionadas à LR de produtos pós-consumo.

Tarefa para o leitor

Considerando os conhecimentos adquiridos neste capítulo sobre legislação ambiental aplicada à LR, você está sendo desafiado a desenvolver um plano estratégico para que a ABC Eletrodomésticos supere esses desafios. O plano deve abordar a integração efetiva das normativas internacionais, o alinhamento com a PNRS e a adaptação às regulamentações específicas do Conama.

Resposta esperada

O leitor deve apresentar um plano estratégico detalhado, indicando como a ABC Eletrodomésticos pode melhorar sua implementação da LR. Isso inclui ações específicas para a compreensão e o cumprimento das legislações internacionais, a integração dos princípios da PNRS nas operações e a adaptação às normativas do Conama. A resposta deve refletir uma compreensão profunda dos desafios e das soluções propostas, levando em conta o impacto ambiental e a eficiência operacional.

Apresentamos uma sugestão de resposta com o plano indicado a seguir.

Plano estratégico para implementação efetiva da LR na ABC Eletrodomésticos

1. Conhecimento das legislações internacionais
   - Análise detalhada – Realizar uma pesquisa aprofundada sobre as legislações de LR em mercados internacionais relevantes para a ABC Eletrodomésticos, incluindo Europa e Estados Unidos.
   - Estratégias propostas – Contratar consultorias especializadas em legislação ambiental internacional para oferecer orientações precisas; estabelecer uma equipe interna dedicada à pesquisa e implementação das normativas internacionais.

2. Integração com a PNRS
   - Análise detalhada – Avaliar como os princípios da PNRS podem ser incorporados às operações diárias da ABC Eletrodomésticos.
   - Estratégias propostas – Desenvolver programas de conscientização interna para garantir que todos os colaboradores compreendam os princípios da PNRS; integrar indicadores de desempenho relacionados à sustentabilidade e à LR nos processos de avaliação de desempenho.

3. Adaptação às normativas do Conama
   - Análise detalhada – Identificar as normativas específicas do Conama que se aplicam à LR de produtos pós-consumo da ABC Eletrodomésticos.
   - Estratégias propostas – Estabelecer parcerias com órgãos ambientais locais para obter orientações específicas sobre as regulamentações do Conama; criar manuais internos de conformidade que detalhem os requisitos do Conama para cada categoria de produto.

4. Avaliação de desempenho
   - Indicadores de sucesso – Aumento da conformidade com as legislações internacionais em 20% nos próximos 12 meses; redução de reclamações ou sanções relacionadas à não conformidade

> com a PNRS em 15%; implementação bem-sucedida de práticas específicas do Conama em 100% dos produtos pós-consumo.
>
> Considerações finais
>
> Este plano estratégico visa garantir que a ABC Eletrodomésticos cumpra as legislações ambientais e aprimore sua imagem como uma empresa comprometida com a sustentabilidade. A implementação efetiva da LR não apenas atende aos requisitos legais como também contribui para a responsabilidade corporativa e a construção de uma cadeia de suprimentos mais sustentável.

Para saber mais

Um texto importante para compreender as origens da legislação ambiental brasileira é a Política Nacional do Meio Ambiente (Lei n. 6.938/1981, bem como a própria Constituição Federal, em seu art. 225. Assim, sugerimos aprofundar a leitura desses dois itens.

BRASIL. Lei n. 6.938, de 31 de agosto de 1981. **Diário Oficial da União**, Poder Legislativo, Brasília, DF, 2 set. 1981. Disponível em: <https://bit.ly/2STANMW>. Acesso em: 10 maio 2023.

BRASIL. Constituição (1988). **Diário Oficial da União**, Brasília, DF, 5 out. 1988. Disponível em: <https://bit.ly/3yczmJA>. Acesso em: 10 maio 2023.

Outro aspecto importante é conhecer o destino final dos resíduos sólidos. O Grupo Boticário produziu um vídeo bem interessante que mostra a importância da separação dos resíduos e da LR de seus produtos e embalagens, o processo de coleta seletiva e a forma como isso pode gerar emprego e renda.

GRUPO BOTICÁRIO. **Logística reversa**. 4 maio 2017. Disponível em: <https://bit.ly/2QlEvOi>. Acesso em: 10 maio 2023.

Síntese

A legislação brasileira abrange, entre leis, decretos, portarias e resoluções, dezenas de documentos que versam sobre a LR.

Nesse universo, destacamos a Lei n.12.305/2010, a PNRS, que dedica uma parte específica à LR, na qual são pontuadas as questões relacionadas a quem deve implementar esse serviço em seus negócios.

Adicionalmente, vimos as resoluções do Conama que versam sobre o processo de LR de pós-consumo para produtos específicos, como pilhas e baterias, pneus inservíveis, lâmpadas, medicamentos vencidos e produtos eletrônicos.

Por fim, abordamos brevemente as legislações internacionais (Europa e EUA) sobre a LR.

Questões para revisão

1. A legislação ambiental brasileira sempre representou a vanguarda em vários aspectos. Em 2010, a principal legislação relacionada a resíduos sólidos e à LR foi promulgada. Assinale a opção que indica essa legislação:

    a. Lei n. 6.938 – Política Nacional do Meio Ambiente (PNMA).
    b. Resolução n. 416/2009 do Conama.
    c. Lei n. 12.305 – Política Nacional de Resíduos Sólidos (PNRS).
    d. Art. 225 da Constituição Federal brasileira.

2. A PNRS estabeleceu, entre outros conceitos, a LR. Assinale a opção que apresenta o conceito de LR de acordo com a PNRS:

    a. É o instrumento de desenvolvimento econômico e social caracterizado por um conjunto de ações, procedimentos e meios destinados a viabilizar a coleta e a restituição dos resíduos sólidos ao setor empresarial, para reaproveitamento, em seu ciclo ou em outros ciclos produtivos, ou outra destinação final ambientalmente adequada.

b. São as atividades de disponibilização e manutenção de infraestruturas e instalações operacionais de coleta, varrição manual e mecanizada, asseio e conservação urbana, transporte, transbordo, tratamento e destinação final ambientalmente adequada dos resíduos sólidos domiciliares e dos resíduos de limpeza urbana.

c. É o conjunto de mecanismos e procedimentos que garantem à sociedade informações, representações técnicas e participação nos processos de formulação de políticas, de planejamento e de avaliação relacionados com os serviços públicos de saneamento básico.

d. É um conjunto de ações voltadas para a busca de soluções para os resíduos sólidos, de forma a considerar as dimensões política, econômica, ambiental, cultural e social, com controle social e sob a premissa do desenvolvimento sustentável.

3. Na PNRS, estão definidos os tipos de empreendimentos que são obrigados a implementar o sistema de LR em seus negócios. Sobre essa questão, analise os itens a seguir:

I. Produtores de agrotóxicos
II. Fabricantes de lâmpadas de vapor de mercúrio
III. Fabricantes de pilhas
IV. Produtores de óleos lubrificantes
V. Fabricantes de pneus

Assinale a alternativa que apresenta corretamente os itens com os tipos de empreendimentos obrigados a implementar a LR:

a. Apenas os itens I e II.
b. Apenas os itens I, II e III.
c. Nenhum dos itens indicados.
d. Todos os itens indicados.

4. Um conceito bastante importante no campo da LR é o de impacto ambiental, afinal, um dos principais objetivos da LR é reduzir esse tipo de impacto. Assim, descreva o conceito de impacto ambiental, segundo a Resolução n. 1/1986 do Conama.

5. A legislação europeia é bem clara quando determina que os fabricantes que utilizam qualquer tipo de embalagem são responsáveis pela recuperação de uma porcentagem do que colocam no mercado. Essa parece ser a melhor forma de evitar a geração de resíduos pelo seu reaproveitamento. Qual é a legislação europeia que se refere especificamente a esse aspecto?

Questões para reflexão

1. Considerando-se os desafios relacionados à disposição inadequada de resíduos sólidos de diferentes classes, que a LR visa mitigar, qual é sua opinião sobre a evolução da conscientização da população nos últimos anos? Você percebeu iniciativas específicas, mudanças de comportamento ou programas educacionais que contribuíram para uma conscientização mais efetiva sobre o manejo adequado dos resíduos sólidos?

2. O que você sabe sobre o trajeto que os resíduos sólidos percorrem até a disposição final em sua região? Você sabe se esses resíduos são devidamente acondicionados durante esse processo? Realize uma pesquisa para obter informações detalhadas sobre o caminho dos resíduos desde a geração até o destino final.

Logística reversa e o e-commerce

Conteúdos do capítulo

- Conceitos de e-commerce e de *Supply Chain*.
- Canais de distribuição e modelos de negócios do e-commerce.
- Aplicação da logística reversa no e-commerce.

Após o estudo deste capítulo, você será capaz de:
1. compreender os conceito de e-commerce e de *Supply Chain*;
2. reconhecer os principais canais de distribuição e os sete modelos de negócios mais utilizados no comércio eletrônico;
3. avaliar e compreender de que maneira a logística reversa pode ser aplicada ao comércio eletrônico.

capítulo 4

Quando pensamos em logística para o comércio eletrônico, ou e-commerce, pensamos no processo com o objetivo final, isto é, fazer com que o produto seja entregue ao cliente, embora isso também se reflita nos processos logísticos nas compras em lojas físicas.

De fato, o crescimento do comércio eletrônico e o aumento da conscientização do consumidor (sobretudo para as questões ambientais) criaram um novo desafio para os varejistas. Assim, podemos afirmar que os modelos logísticos tradicionais e lineares estão com seus dias contados, visto que há um segundo ciclo que entra em cena assim que o produto é entregue ao cliente – a logística reversa (LR).

É preciso destacar que os processos de devolução e troca no comércio eletrônico são consideravelmente maiores do que nas transações físicas, pois, na segunda situação, há a possibilidade de olhar, experimentar e verificar características de um modo que é possível somente naquela circunstância. Ainda, cabe observar que, no comércio *online*, não existe a possibilidade de o lojista não oferecer os serviços de trocas e devoluções.

Pesquisas mostram que 89% dos compradores *online* declaram que as políticas de devolução influenciam sua decisão de comprar em um varejista eletrônico. Quase dois terços dos compradores de e-commerce também dizem que desejam devolver os produtos comprados pelos Correios e trocá-los por outro item (Abralog, 2020). Ou seja, os consumidores devolvem produtos por uma série de razões, incluindo ocorrências comuns, como danos, mau funcionamento e entrega incorreta de mercadorias, ou simplesmente uma mudança de decisão.

A maioria das empresas enfrenta custos muito altos para processar devoluções, uma vez que os itens normalmente precisam ser avaliados quanto a falhas e danos e, em seguida, reembalados e distribuídos para um local onde possam ser revendidos, retrabalhados ou até descartados.

Uma LR ineficiente também significa maiores despesas de capital de giro para varejistas e fabricantes. À medida que o estoque fica preso aos estoques de devoluções, o custo geral se torna muito mais do que apenas os custos diretos de um processo de devolução mal gerenciado. Ademais, embora muitas cadeias de suprimentos tenham sido otimizadas para garantir que as entregas de produtos atendam às expectativas do cliente, poucos ou nenhum desses esforços se concentraram nos fluxos de retorno (LR) da cadeia de suprimentos.

Tendo em vista esse cenário, neste capítulo, apresentaremos alguns conceitos sobre o e-commerce e seus processos de LR, sobretudo em razão da pandemia de Covid-19 (2020/2021), que alavancou as vendas do e-commerce e, por consequência, seus processos de trocas e devoluções.

4.1 E-commerce: conceitos, importância, vantagens e desvantagens

O desenvolvimento dinâmico da digitalização e de novas tecnologias é atualmente um dos fatores mais críticos que moldam as economias dos países. A importância desse segmento aumentou com o surgimento de uma crise epidemiológica global em uma escala que a humanidade não teve de enfrentar por anos. Equipados com novas tecnologias e acesso à internet, podemos continuar a desempenhar nossas funções sociais e profissionais, apesar do isolamento e da necessidade de manter distância social. Entretanto, essa dinâmica também impactou o comportamento do mercado e a maneira como as compras são realizadas. Antes mesmo da pandemia já se observava uma tendência crescente de compras pela internet, algo que se consolidou fortemente nesse período (Cheba et al., 2021).

De acordo com os dados do Eurostat (serviço de estatística da União Europeia), cerca de 7 em cada 10 habitantes da União Europeia usaram a internet para comprar bens e serviços nos anos 2018-2019. Entre eles, o percentual mais elevado era de pessoas que viviam em cidades (cerca de 62%) (Eurostat, 2023). A Europa ainda é a área de comércio eletrônico transfronteiriço de crescimento mais rápido no mundo. No entanto, os Estados Unidos da América (EUA) também se destacam. A participação trimestral do comércio eletrônico nas vendas totais no varejo dos EUA cresceu de 4,2% no primeiro trimestre de 2010 para quase 10% das vendas totais no terceiro trimestre de 2018 (Coppola, 2023).

Conforme o relatório *Digital 2021: Global Digital Overview*, o número de consumidores que compraram bens via e-commerce em 2020 foi de aproximadamente 3,47 bilhões de pessoas, o equivalente a cerca de 44,5% da população global. Durante a pandemia de Covid-19, em 2020, o valor total do mercado de comércio eletrônico B2C (*business-to-consumer*) global foi de cerca de US$ 2,44 trilhões (Kemp, 2021).

De maneira bastante direta, podemos dizer que o comércio eletrônico (ou e-commerce) refere-se às transações realizadas pela internet ou ainda, de forma mais ampla, que ele consiste no compartilhamento de informações, no estabelecimento de relações comerciais e na realização de transações (também comerciais) por meio de redes de telecomunicações (Zwass, 1996). Segundo Parente (2000, p. 15), "O e-commerce é um formato de varejo, que pela internet, oferece produtos e serviços, facilitando para que os consumidores comprem e completem as transações por meio de um sistema eletrônico interativo". Ou, como afirmaram mais recentemente Kong et al. (2020), o e-commerce diz respeito à venda e à compra de bens e serviços por meio da internet, com a transferência de dinheiro e dados para concluir as transações.

Ou seja, sempre que houver algum tipo de compra ou venda de produtos e serviços *online*, podemos classificar essa transação como comércio eletrônico. Essas atividades podem ser de diferentes tipos: compra e venda de bilhetes aéreos, transações bancárias, leilões, lojas em geral, entre outros.

Sabe-se que as primeiras transações na internet comercial aconteceram em meados da década de 1990 (nos primórdios da internet), e a inserção de gigantes do varejo (por exemplo, Alibaba e Amazon) nesse contexto mudou completamente esse cenário (Oliveira, 2021).

O mercado de comércio eletrônico nas cidades é atualmente um dos mercados de crescimento mais rápido. Ao observarmos as mudanças atuais que ocorrem nele, temos uma oportunidade única de aprender sobre suas direções de desenvolvimento potencial no futuro com grande aceleração. Atualmente, o comércio eletrônico responde por 14,1% de todas as vendas no varejo em todo o mundo. Estima-se que esses números continuarão crescendo, chegando a 22% em 2023, e que representarão 95% das vendas até 2040 (Chevalier, 2021). Além disso, de acordo com a Associação Brasileira de Comércio Eletrônico (ABComm), entre os meses de abril e setembro de 2020 – em plena pandemia de Covid-19 –, 11,5 milhões de consumidores realizaram sua primeira compra *online,* e a mesma associação também registrou a abertura de 150 mil novas lojas *online* nesse período (Nunes, 2020). O varejo alimentar é o setor que lidera esse *ranking*. Mas, além dele, também houve alta na venda de produtos para casa, artigos esportivos, produtos farmacêuticos, brinquedos e jogos. A pesquisa mostrou igualmenteum crescimento de 80% desse tipo de comércio no ano de 2020 e um faturamento 75% maior que o do mesmo período do ano de 2019.

De acordo com uma pesquisa realizada pelo MCC-ENET (2021)[*], cada região do país dá sua contribuição para o e-commerce. Contudo, o que podemos destacar é a variação (aumento) nas transações do comércio eletrônico comparando-se os mesmos períodos entre 2019 e 2020, como podemos verificar no mapa a seguir (Figura 4.1).

---

[*] O MCC-ENET é o primeiro indicador a fazer um acompanhamento sistematizado da evolução dos preços do varejo *online* brasileiro.

Figura 4.1 – Variação positiva de vendas *online* em dezembro comparando-se os anos 2020-2019 – Índice de Vendas *Online* Nominal de acordo com o MCC-ENET

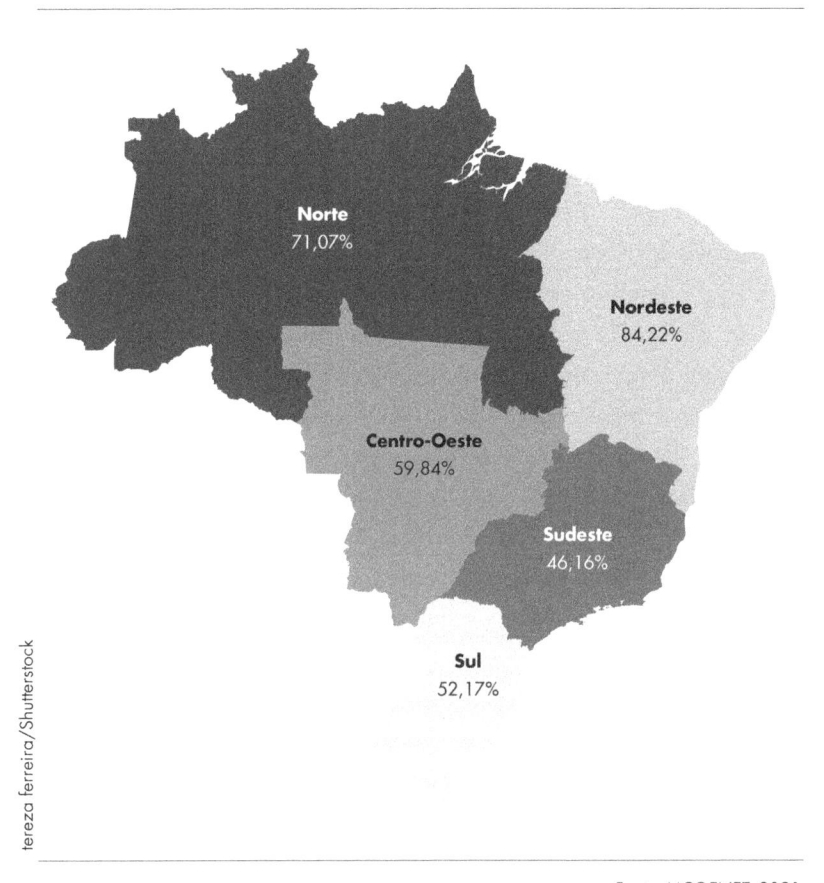

Norte 71,07%
Nordeste 84,22%
Centro-Oeste 59,84%
Sudeste 46,16%
Sul 52,17%

Fonte: MCC-ENET, 2021.

Esse cenário promissor também se repete no mercado internacional. Em pesquisa conduzida pela Narvar Inc. (uma empresa de gerenciamento da cadeia de suprimentos), foi observado que os clientes e consumidores norte-americanos estão priorizando conveniência e previsibilidade, e o que é melhor: estão dispostos a pagar por isso (Narvar, 2020).

Alguns números apresentados na pesquisa da Narvar Inc. precisam ser apresentados. Foi identificado que boa parte dos consumidores, durante a pandemia de Covid-19, necessitou de algo que normalmente não comprava e, por conta do cenário, recorreu ao comércio eletrônico para fazer essa compra. Ainda, 56% dos consumidores experimentaram um novo varejista durante a pandemia e 86% deles pretendiam continuar comprando desse mesmo varejista quando a situação voltasse ao normal. Algumas das mudanças recentes causadas pela pandemia de Covid-19 têm a chance de afetar o desenvolvimento desse mercado de forma permanente nos próximos anos (Narvar, 2020).

Especificamente quanto à LR, a pesquisa revelou que 76% dos clientes que compraram pela **primeira vez** no e-commerce e que tiveram uma experiência de devolução "fácil" ou "muito fácil" disseram que comprariam com aquele varejista novamente. Assim, podemos afirmar, sem nenhuma dúvida, que a LR é uma questão que deve estar entre as melhores práticas de um fornecedor de produtos. Mas há um gargalo que precisa ser exposto nesse cenário: 44% dos consumidores do e-commerce desejam encontrar locais alternativos mais convenientes para a devolução de seu produto (Narvar, 2020).

No Brasil, isso se apresenta como uma prática que já está em andamento. Determinadas lojas de departamento (em geral, as grandes redes) já oferecem o serviço de retirada do produto em uma loja física mesmo que esse produto tenha sido comprado na loja virtual e, ainda, caso haja necessidade de troca, isso pode ser feito pela mesma loja física sem a necessidade de ir aos Correios, por exemplo, para realizar a devolução do produto.

Apesar de o e-commerce ter vindo para ficar e de seus inúmeros benefícios já terem sido destacados em relação ao varejo físico, ele não está isento de problemas relacionados com questões ambientais, os quais são verificados ao longo da cadeia de suprimentos.

No comércio eletrônico do tipo B2C (*business-to-consumer*), o transporte é responsável pela maior parcela das emissões de gases de efeito estufa (GEE). À medida que o comércio eletrônico aumenta, o interesse por estudos de sustentabilidade associados a esse tipo de transação tambémaumenta, visto que a sustentabilidade continua sendo uma das questões mais desafiadoras para a humanidade e para o comércio de maneira geral (Jaller; Pahwa, 2020).

De acordo com a International Energy Agency – IEA (Agência Internacional de Energia), o transporte é um dos principais contribuintes para as emissões globais de dióxido de carbono (CO_2), sendo responsável por 25% do total das emissões globais (a segunda maior parcela das emissões de GEE em 2017). Desse total, 74% das emissões foram relacionadas ao transporte rodoviário (IEA, 2019).

Vários estudos sugerem que há maneiras de reduzir as emissões de GEE sem grandes investimentos financeiros: melhorando o uso de veículos de carga (ou seja, tipo, idade e comportamento do motorista), otimizando a rota e alocando as emissões de GEE para remessas específicas, entre outras possibilidades. Do lado da demanda, no entanto, outras alternativas, como fornecer informações ambientais para permitir que os e-consumidores tomem decisões sustentáveis mais conscientes na hora da compra, vêm ganhando força, dando origem a várias chamadas para uma maior exploração desses *trade-offs** (Ignat; Chankov, 2020).

Nesse contexto, o comportamento do consumidor tornou-se uma peça-chave no processo de aumento da sustentabilidade da cadeia de suprimentos, considerando-se não apenas os aspectos econômicos/financeiros, mas também os impactos da sustentabilidade ambiental em suas escolhas de compra. Aumentar a consciência do consumidor eletrônico pode representar uma forma importante de influenciar os hábitos de compra e tornar as operações mais sustentáveis.

4.2 *Supply Chain* no e-commerce

O mercado do e-commerce tem evoluído e amadurecido nos últimos anos e já conquista a marca de mais de 50 milhões de usuários ativos no Brasil. As compras virtuais ganharam a preferência dos consumidores principalmente em razão da praticidade e da comodidade que essa modalidade de comércio apresenta. Entretanto, ao aumentarem as vendas pelo

---

* *Trade-off* é um termo que representa a ideia de compensação ou troca. Em contextos diversos, especialmente em economia e tomada de decisões, um *trade-off* ocorre quando se abre mão de algo para obter benefícios em outra área. Essa escolha envolve a consideração de custos e benefícios e, muitas vezes, implica encontrar um equilíbrio entre diferentes variáveis ou objetivos.

comércio *online*, os vendedores tiveram de buscar novas formas de serviços com vistas a atender (da melhor maneira) às expectativas de seus clientes. Desse modo, o gerenciamento da cadeia de suprimentos é um elemento fundamental no e-commerce.

O gerenciamento da cadeia de suprimentos (*Supply Chain Management* – SCM) no e-commerce, bem como nos meios tradicionais, concentra-se na aquisição de matéria-prima, na fabricação e na distribuição do produto certo, no momento certo e no local certo. Tudo isso inclui gerenciamento de oferta e demanda, armazenamento, rastreamento de estoque, entrada de pedido, gerenciamento de pedido, distribuição e entrega ao cliente, ou seja, um longo e complexo caminho.

Assim, uma estratégia de negócios bem-sucedida requer mais do que reações imediatas e instintivas. As estratégias precisam abranger as metas e os objetivos futuros da empresa, e isso se aplica a todos os aspectos do comércio eletrônico, especialmente à cadeia de suprimentos.

Então, tendo em vista essas informações, podemos compreender por que ter uma boa estratégia de cadeia de suprimentos é vital para o comércio eletrônico. A estratégia da cadeia de suprimentos determinará se o principal objetivo no negócio, isto é, fornecer produtos e serviços de qualidade a custos justos, visando a lucros maiores, está funcionando em seu máximo. Dessa maneira, é importante lembrar que a estrutura de SCM que o empreendedor decidir implementar em seu negócio afetará, em última análise, o sucesso ou o fracasso da empresa.

A seguir, indicamos algumas práticas recomendadas de SCM eficiente para o comércio eletrônico.

4.2.1 Menores custos de envio e velocidade de entrega

Certa vez, o jornalista Chris Mims escreveu para *Wall Street Journal* o seguinte artigo: "O Efeito Prime: como o envio de dois dias da Amazon está perturbando o varejo" (Mims, 2018, tradução nossa). Na ocasião, o autor afirmou que "Ao lado da vida, da liberdade e da busca pela felicidade, agora você pode adicionar outro direito inalienável: envio de dois dias para praticamente tudo" (Mims, 2018, tradução nossa).

Uma pesquisa realizada pela empresa Narvar (2020) apontou que dois em cada cinco clientes dizem que, se tiverem uma experiência de entrega negativa, nunca mais comprarão daquele vendedor. A mesma pesquisa mostra que a remessa alta e as velocidades lentas de entrega podem aumentar as taxas de abandono do carrinho de compras. Ainda, 44% dos clientes *online* que desistem de uma compra afirmam que os altos custos de envio são o motivo principal, e 24% dos clientes cancelam pedidos em virtude da baixa velocidade de entrega (Narvar, 2020).

Portanto, com 73% dos compradores de comércio eletrônico esperando uma entrega rápida e barata, está claro que um negócio de comércio eletrônico que oferece custos de envio baixos e entregas rápidas terá mais probabilidade de reter clientes (Narvar, 2020).

Para a melhoria nos processos de remessa e entrega, poderiam ser utilizados centros de distribuição múltipla, dividindo-se o estoque em mais de um depósito. A vantagem é que é possível enviar produtos aos clientes de um depósito ou centro mais próximo deles.

4.2.2 Centros de distribuição múltipla

A estratégia de centros de distribuição múltipla é válida para empresas que enviam periodicamente um grande volume de seus produtos ou serviços. A distribuição múltipla permite que sejam armazenados alguns ou todos os produtos em locais mais próximos ao cliente – principalmente quando estão geograficamente distantes –, o que reduz os custos de envio e aumenta a velocidade de entrega (Silva et al., 2016).

No entanto, é importante destacar que essa estratégia é algo bastante particular. Por exemplo, para um negócio que vende uniformes de times esportivos locais para uma pequena região, esse método não seria útil. Porém, se a empresa vende suprimentos de escritório em todo o país, convém considerar essa estratégia e outras soluções de serviço digital para agilizar os esforços. Ainda, é fundamental calcular o peso médio do produto e os custos da transportadora para avaliar se dispor de vários depósitos é econômico e vantajoso (Silva et al., 2016).

4.2.3 Documentação rápida e precisa

Sabemos que o principal objetivo dos negócios, de maneira geral, mas principalmente do e-commerce, é atender às necessidades dos compradores e melhorar a satisfação geral do cliente. Maior satisfação resulta em maior retenção de clientes, compras repetidas e um aumento significativo da receita (Kleab, 2017).

Nesse sentido, a automação dos processos é algo imperativo para reduzir erros humanos, o que inclui, por exemplo, a aquisição de softwares de rastreamento de pedidos e de controle de estoque (Kleab, 2017).

4.2.4 Otimização da capacidade de armazenamento

Pesquisas mostram que as vendas *online* representarão um terço de todas as vendas no varejo nos próximos anos (Mata, 2021). Isso significa que um aumento na demanda e na competição por espaço de armazenamento e estocagem é inevitável.

Ter o conhecimento e a habilidade de otimizar a capacidade do depósito é, portanto, obrigatório para qualquer empresa de comércio eletrônico que busca evitar o congestionamento do depósito.

Alguns especialistas mencionam que há três estratégias que podem auxiliar nesse sentido: 1) realizar o armazenamento sazonal para produtos que são vendidos em apenas determinadas épocas do ano; 2) aumentar a eficiência do espaço físico disponível; 3) buscar um sistema de gerenciamento de armazenamento.

4.2.5 Terceirização das atividades logísticas

A chamada *logística terceirizada ou de terceira parte* é a contratação/parceria com empresas especializadas em processos logísticos (os denominados *operadores logísticos*). A vantagem é que essas empresas podem identificar fragilidades na cadeia de suprimentos da empresa e propor soluções para problemas de armazenamento, estoque, pedido e transporte, por exemplo. Além disso, elas podem oferecer conhecimento especializado para garantir que a cadeia de suprimentos seja o mais otimizada possível.

O mercado do e-commerce evoluiu e amadureceu nos últimos anos no Brasil, conquistando a marca de mais de 40 milhões de clientes. É redundante dizer que o comércio eletrônico ganhou a preferência de muitos consumidores, e um dos principais motivos é a praticidade e o conforto que esse segmento apresenta.

Todavia, para aumentar as vendas, houve necessidade de adaptação por parte dos lojistas para que pudessem atender às expectativas de seus clientes. Assim, o setor de comércio eletrônico não se limita apenas à criação de um *site* e à venda de produtos *online*. Inclui configuração do produto, infraestrutura adequada, logística, pagamento seguro e gerenciamento da cadeia de suprimentos. Uma cadeia de suprimentos eficiente acelera os processos de e-commerce para atender às expectativas dos clientes.

Nesse panorama muito concorrido, para se manterem competitivas, as companhias precisam investir em tecnologia, customização de serviços e inovação. Um exemplo de uma iniciativa nesse sentido é a tecnologia Prime Air – empregada pela gigante do varejo Amazon –, que utiliza drones para realizar entregas superexpressas, em aproximadamente 30 minutos.

Para saber mais

Acesse o *link* indicado a seguir para assistir ao vídeo de lançamento do Prime Air, da Amazon.

AMAZON. **Amazon Prime Air's First Customer Delivery**. 14 dez. 2016. Disponível em: <https://www.youtube.com/watch?v=vNySOrI2Ny8>. Acesso em: 10 dez. 2023.

No Brasil, o Mercado Livre – empresa que é um dos líderes no e-commerce do varejo – iniciou o serviço Mercado Livre Flex, que é um sistema de entregas para o mesmo dia (*same day delivery*) ou até no máximo o dia seguinte da compra.

Obviamente, os dois exemplos apresentados são de grandes empresas que podem investir pesado em tecnologia. De todo modo, sejam grandes, sejam pequenas, as empresas buscam o tripé do sucesso: agilidade nas transações, redução de custos e aumento da produtividade. Portanto, podemos afirmar que, para o comércio eletrônico, o futuro da gestão da cadeia de suprimentos está profundamente relacionado à sua automação e aos avanços que a tecnologia proporciona: robótica, internet das coisas, inteligência artificial, *blockchain**, entre outros.

Todas essas mudanças de inovação fornecem para a gestão da cadeia de suprimentos em um e-commerce algumas importantes características, como inovação, segurança nas transações (*blockchain*), velocidade nos processos, ampliação da produtividade, visibilidade e acompanhamento desses processos em tempo real, além de sustentabilidade por meio da diminuição do desperdício de insumos e gastos com combustível, por exemplo.

4.3 Canais de distribuição no e-commerce

De maneira resumida, podemos conceituar os canais de distribuição como os meios pelos quais o empreendedor entrega seu produto ao cliente final. Isso deve ser feito da maneira mais eficiente possível: com o menor custo e no menor tempo possível.

O comércio eletrônico é amplamente utilizado como um canal de distribuição emergente. Contudo, os processos de devolução são inevitáveis quando a empresa atua no segmento *online*. É por isso que é necessária uma operação de LR muito bem implementada.

Neste livro, já estudamos os três principais canais de distribuição logísticos: direto, indireto e híbrido. Em termos gerais, eles tratam dos processos de armazenagem, informação, produto, transporte e cliente. Tudo isso sempre buscando atender da melhor maneira o cliente final, no menor tempo possível, com o menor esforço e gasto possível e a maior eficiência possível.

---

* *Blockchain* é uma tecnologia relacionada à governança e ao registro de dados cujos principais pilares são transparência, segurança, descentralização e agilidade. Pode ser incorporada a diversos segmentos, viabilizando a otimização de processos e a eliminação de erros e fraudes (Amazon, 2023).

No comércio eletrônico, o processo de logística e seu gerenciamento têm papel crucial no desempenho das vendas desse segmento. Afinal, o controle de estoque adequado e eficiente, o cálculo de frete do transporte, o planejamento de vendas e até a embalagem do produto são justamente os elementos que tornam um e-commerce bem avaliado pelos seus clientes.

A escolha dos melhores canais logísticos para um determinado negócio precisa levar os seguintes itens em consideração (Tetteh; Xu, 2014):

- estratégia de atuação;
- pesquisa de mercado;
- tamanho e prazo de entrega;
- localização de empresas e de galpões;
- logística de cada tipo de canal de distribuição;
- forma determinada de distribuição.

Os vários fatores já mencionados neste livro, como devoluções, mercadorias não entregues e/ou danificadas, trocas e preocupações ambientais, tornam a LR inevitável em uma cadeia de suprimentos de comércio eletrônico. Apesar disso, a maior parte das empresas tem se concentrado muito mais na logística direta do que na LR. É essencial perceber que a logística direta e a LR são igualmente importantes para a gestão da cadeia de suprimentos (Rogers; Tibben-Lembke; Benardino, 2013).

Nesse sentido, podemos afirmar que a implementação de um canal de distribuição robusto e que seja *omnichannel** é um dos principais desafios a serem enfrentados pelos empreendedores (Sebrae, 2022a).

Aqui, vamos dar destaque às redes de distribuição *omnichannel*, as quais podem ser consideradas como requisitos fundamentais para os empreendedores que almejam conquistar um lugar no mercado competitivo. Nesse

---

* *Omnichannel* pode ser caracterizado como uma estratégia usada por empresas para melhorar a experiência do cliente por meio do oferecimento de diversos canais de marketing e vendas integrados. Isso significa dizer que há uma integração entre os processos de distribuição, promoção e comunicação. O uso de *omnichannel* pelo cliente pode ser exemplificado da seguinte forma: ele faz a pesquisa de compra de um tênis pelo seu computador, finaliza a compra em uma loja virtual por meio do aplicativo em seu *smartphone* e opta por retirar o produto em uma loja física (Sebrae, 2022c).

caso, veremos que o diferencial será a experiência do cliente. Assim, ter uma loja multicanal, por exemplo, não será o suficiente caso não haja uma integração e uma comunicação adequadas entre esses canais.

De acordo com o Sebrae (2022c), os principais benefícios a serem alcançados pelos modelos de distribuição do tipo *omnichannel* são os seguintes:

- Aprimora a experiência do cliente – O *omnichannel* visa proporcionar uma experiência única e abrangente para todos os clientes, dada a diversidade de dispositivos utilizados pelos consumidores atualmente, como *smartphones* e computadores, em busca de conveniência, facilidade e segurança ao pesquisar, avaliar preços e efetuar compras. A praticidade estende-se à facilidade de encontrar produtos desejados e à segurança no processo de recebimento e, se necessário, devolução.
- Reforça a identidade da marca – Ao fortalecerem a presença digital, as empresas tornam-se mais visíveis e ampliam seu alcance. O *omnichannel* desempenha um papel crucial nas estratégias de gestão da marca, permitindo que ela seja percebida e avaliada de forma positiva pelos clientes. Essa estratégia contribui para consolidar a imagem da marca de maneira favorável.
- Integração e análise de dados dos clientes – A integração e a unificação de dados proporcionam uma visão abrangente do perfil e do comportamento do cliente. Essas informações são extremamente valiosas para setores como o de *marketing*. O sistema armazena desde o histórico de compras até detalhes sobre as atividades nas redes sociais, oferecendo *insights* (ideias ou percepções) valiosos para entender e atender melhor as necessidades dos clientes.

Quer um exemplo de como esse alinhamento (*omnichannel*) realmente influencia na compra e na experiência do consumidor final? Imagine que você queira comprar uma camiseta de sua marca preferida. Você pesquisa no *site* da marca e o produto está custando R$ 129,90. Você achou um pouco cara e decidiu ir à loja física no *shopping* de sua cidade. Lá, a mesma camiseta estava custando R$ 149,90. Surpreso com o valor, você abre o navegador de seu *smartphone*, acessa aquele *site* de vendas de produtos *outlet* – que não tem relação direta com a marca, ou seja, ele apenas revende os produtos – e verifica que a mesma camiseta está custando R$ 99,90. Você, então, fecha a compra pelo *site* de *outlet*!

Note que isso pode gerar algumas consequências importantes para esse negócio. Por exemplo, a partir de agora, há uma forte tendência de que esse cliente passe a comprar os produtos da marca por esse *website* (*outlet*) e não mais pela loja física ou pelo *site* oficial da loja, fato que vai gerar um impacto nas vendas. Nesse sentido, deve haver uma necessária atenção do empreendedor em relação à sua estratégia de distribuição para que não haja (ou pelo menos sejam evitados) conflitos nos canais de distribuição e divergência de valores, fatores que, consequentemente, podem gerar impactos negativos na reputação do negócio.

Assim, para evitar esse tipo de situação, o portal E-Commerce Brasil (2021) indica algumas estratégias que podem fortalecer esses canais de distribuição no e-commerce:

- conferência de mercadorias – dar ênfase à verificação detalhada durante o recebimento e o armazenamento;
- separação de pedidos e preparação de embalagens – garantir precisão no atendimento e embalagem eficiente;
- reposição de estoque – manter níveis adequados para evitar falta de produtos;
- envio e rastreamento de encomendas – monitorar todo o processo logístico para proporcionar transparência ao cliente;
- acompanhamento de entregas e informação ao cliente – manter clientes informados sobre o *status* de suas compras;
- variedade nas opções de entrega – oferecer escolhas, além da possibilidade de envio por Sedex e PAC, incluindo opções de entrega própria;
- estipulação de prazos realistas – evitar promessas impossíveis e manter a confiança dos clients;
- investir em um diferencial – oferecer serviços únicos, como embalagens de qualidade, prazos de entrega diferenciados e atendimento personalizado;

- integração de canais – consolidar dados em um único painel para um melhor acompanhamento e redução de falhas operacionais;
- gerenciar produtos devolvidos – adotar um processo rigoroso para produtos devolvidos, assegurando que retornem ao estoque somente se estiverem em condições de venda.

4.4 Os sete modelos de negócios do e-commerce

De acordo com o Serviço Brasileiro de Apoio às Micro e Pequenas Empresas (Sebrae, 2014a), um modelo de negócios é "a forma como uma empresa cria, entrega e captura valor. Em outras palavras, é a fórmula que transforma time, produto e gestão em receita, lucros e retorno para os acionistas".

O modelo de negócios de determinado empreendimento deve levar em consideração o grau de satisfação que conseguirá com seus *stakeholders*.

No mundo dos negócios, é muito comum nos depararmos com várias siglas e nomes em inglês, e isso não é diferente quando se trata desse modelo de relacionamento.

Aqui, vamos apresentar os sete principais tipos de relação dos empreendimentos com suas partes interessadas (Figura 4.2).

Figura 4.2 – Os sete principais modelos de negócios utilizados no e-commerce

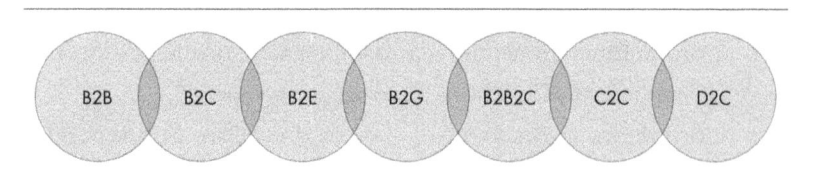

B2B B2C B2E B2G B2B2C C2C D2C

4.4.1 B2B (*business-to-business*)

O B2B (empresa para empresa) é um modelo de negócios que tem como principal objetivo a venda de produtos e serviços para outras empresas. Assim, podemos dizer que o foco dessa relação não é o consumidor final; busca-se oferecer as matérias-primas, peças acabadas, serviços ou consultorias que outras empresas precisam para operar, crescer e lucrar.

Podemos citar como exemplos uma fábrica de peças de automóveis que as vende para montadoras, atacadistas que vendem para o mercado do varejo, empresas de contabilidade, recursos humanos e fornecedores em geral.

4.4.2 B2C (*business-to-consumer*)

O B2C (empresa para consumidor) é bastante utilizado no e-commerce. Nesse modelo de negócios, ao contrário do anterior, o foco é o consumidor final, ou seja, a transação é realizada entre uma empresa e o cliente final. Um exemplo claro desse tipo de negociação são as lojas do comércio varejista que vendem suas mercadorias diretamente ao consumidor final, fazendo com que não haja necessidade de intermediários.

Exemplos de empresas que usam o modelo de negócios B2C incluem Amazon, Walmart e outras empresas em que clientes individuais são os usuários finais de um produto ou serviço.

As empresas podem ser B2C, B2B ou um híbrido de ambos. O B2C como modelo de negócios normalmente envolve um maior volume de clientes, mas uma receita proporcionalmente menor.

Antes de examinarmos os demais modelos, vejamos um quadro comparativo entre os modelos B2B e B2C, de acordo com a compreensão de Mazzuco (2020).

Quadro 4.1 – Quadro comparativo entre os modelos de negócios B2B e B2C com enfoque no e-commerce

B2B	B2C
Relacionamento de longo prago	Relacionamento de curto prazo
Compras baseadas em necessidades específicas	Compras baseadas em necessidades básicas
Mercado de nicho	Mercado de massa
Compras em menor escala, com muito valor agregado	Compras em maior escala, com menor valor agregado
Relações racionais	Relações emocionais
Busca eficiência	Busca satisfação, economia e status

(continua)

(Quadro 4.1 – conclusão)

B2B	B2C
Processo decisório longo e com interferência de diferentes níveis hierárquicos	Processo decisório rápido e individual
Almeja resultados assertivos e permanentes	Almeja resultados rápidos e imediatos
Visa inovação e conhecimento técnico	Visa tendências e entretenimento

Fonte: Mazzuco, 2020.

4.4.3 B2E (*business-to-employee*)

O modelo B2E (empresa para colaborador) é uma estratégia em que o enfoque da organização é o colaborador da empresa, em vez do consumidor (B2C) ou de outros comércios (B2B).

Assim, a empresa pode vender seus produtos e serviços (em geral, com descontos) diretamente aos seus colaboradores. A vantagem disso é que há, de certa maneira, uma fidelização e um reconhecimento por parte desses colaboradores e o pagamento pode vir descontado diretamente no salário deles, o que gera uma baixa inadimplência. Apesar disso, é um mercado restrito apenas para esses funcionários e, em alguns casos, seus familiares.

4.4.4 B2G (*business-to-government*)

Em termos práticos, o modeloB2G (empresa para governo) consiste na venda e comercialização de bens e serviços para agências federais, estaduais ou locais (por exemplo, pregões licitatórios). Embora não seja um ramo de negócios muito explorado, ao avaliarmos, por exemplo, os gastos do governo federal brasileiro em 2020 com produtos e serviços, vemos queo valor chega à casa dos bilhões; desse modo, o cenário que se apresenta parece ser bastante promissor (Mazzuco, 2020).

4.4.5 B2B2C (*business-to-business-to-consumer*) ou *marketplace*

O B2B2C (empresa para empresa para o consumidor) é um dos modelos mais adotados nas negociações via e-commerce. Como o nome indica, é um modelo de negócios em que a Empresa 1 disponibiliza seu produto ou serviço em parceria (ou para) com a Empresa 2, a qual, por sua vez, vende o produto para um cliente final.

Para que o B2B2C funcione, as duas empresas precisam ter como alvo a mesma base de consumidores e fornecer valor que cada empresa não poderia alcançar sozinha. Além disso, a parceria precisa fazer sentido para os clientes finais.

Aqui estão alguns exemplos de como o modelo B2B2C beneficia todos os envolvidos:

- Empresa 1 – Constrói credibilidade de marca e aproveita uma base de clientes existentes.
- Empresa 2 – Oferece um serviço novo ou complementar sem investir recursos internos e ganha dados adicionais sobre os clientes da Empresa 1.
- Consumidor – Tira proveito de um serviço conveniente apoiado por uma fonte confiável.

Se você realizou alguma compra *online* durante a pandemia de Covid-19 (2020-2021, principalmente), deve ter notado que algumas grandes empresas têm adotado esse modelo de negócios. Magazine Luiza (Magazine Você) e Americanas.com são alguns exemplos. Note que alguns produtos são vendidos a partir de uma segunda empresa que usa a base de dados e a loja virtual da primeira para realizar a parceria. Esse é o modelo do *marketplace*.

4.4.6 C2C (*consumer-to-consumer*)

C2C (consumidor a consumidor) é um consumidor que vende bens ou serviços para outro consumidor *online*, de forma semelhante ao funcionamento do eBay, do Mercado Livre ou da OLX.

Trata-se de uma relação de comércio em que os vendedores e os compradores são consumidores e não empresas e essa venda geralmente é facilitada por um *site* de terceiros que ajuda a cuidar dos detalhes da transação, normalmente referido como um mercado, que cobra uma pequena parte ou comissão para reunir as partes.

O objetivo desse tipo de comércio eletrônico é fazer com que os consumidores possam comprar e vender diretamente de outros consumidores, sem a necessidade de um intermediário ou o dispêndio de grandes quantias em dinheiro para montar e manter a própria loja *online*.

4.4.7 D2C (*direct-to-consumer*)

O modelo D2C (direto ao consumidor) caracteriza a situação em que uma empresa produz um determinado produto nas próprias instalações o distribui nos próprios canais. Esses canais podem ser uma plataforma de e-commerce, mídias sociais e uma loja de varejo.

Por exemplo, as vinícolas do sul do país produzem alguns tipos originais de vinho. Elas os vendem *online*, bem como em sua loja de varejo de marca.

A ideia do D2C é eliminar os atacadistas ou intermediários e promover uma experiência direta com o cliente final, de modo a aproximá-lo.

No D2C, ao mesmo tempo que a empresa pode controlar os lucros, personalizar seus produtos e experiências e ter mais espaços para trabalhar, há também o ônus no processo de logística de distribuição, uma vez que isso passa a ser responsabilidade da empresa produtora e não dos atacadistas ou intermediários. A Tesla Motors e a Nike são alguns exemplos.

4.5 Logística reversa no e-commerce

Para iniciar o assunto, convém relembrar o conceito de e-commerce, ou comércio eletrônico. O comércio eletrônico refere-se à troca de informações comerciais, à manutenção de relacionamentos comerciais, à condução de transações comerciais e à formalização e execução de acordos, mediante redes de telecomunicações, comumente a internet, para realizar operações comerciais (Dutta et al., 2020).

Já vimos que as questões socioambientais estão entre os principais motivos para a implementação da LR nos negócios. Para termos uma ideia da importância da LR de pós-consumo, por exemplo, podemos considerar que uma pesquisa da Organização das Nações Unidas (ONU) mostrou que 99% dos produtos comprados serão descartados num prazo de até seis meses, o que, consequentemente, gerará mais vendas de produtos similares a esses descartados (ONU, 2018). Ainda, de acordo com Chevalier (2021), os resultados nas compras de e-commerce nos últimos cinco anos (2015-2020) apresentaram um aumento de 228%.

No entanto, como diz o ditado, "nem tudo são flores". Assim como há um aumento nas vendas, também há um aumento nas devoluções. Segundo Dennis (2018), esse percentual de devoluções chega a 30% dos produtos adquiridos, o que equivale a 200 bilhões de dólares a cada ano.

Assim, podemos dizer que a LR desempenha um papel fundamental no processo de economia circular e representa uma alternativa para minimizar os efeitos do aumento da geração de resíduos, possibilitando economizar energia e recursos naturais e levando à sustentabilidade (Dutta et al., 2020).

Mele, Gomez e Garay (2019) e Baah, Jin e Tang (2020) afirmam que, além disso, os consumidores do e-commerce parecem ser mais conscientes e selecionam empresas que se preocupam com uma cadeia de suprimentos mais limpa e ecológica. Portanto, a LR aplicada ao comércio eletrônico também pode ajudar a obter um equilíbrio viável e adequado entre as questões econômicas e ambientais.

Já foi destacado neste livro que as questões legais são objetos primordiais para a implementação da LR em negócios no Brasil e na Europa, por exemplo. Entretanto, é importante que o empreendedor também compreenda a influência das políticas de retorno no comportamento do consumidor em novas compras futuras. Hjort e Lantz (2016) defendem que é vantajoso customizar a política de devolução por tipo de cliente. Para os autores, as políticas de devolução gratuita e de longo prazo não garantem lucratividade nos pedidos, mas apenas representam uma vantagem competitiva na atração de novos clientes.

Aqui, cabe destacar que uma rede LR de e-commerce não tem uma única solução ótima, mas um conjunto de soluções ideais que podem ser adotadas pelos tomadores de decisão, justificando o uso de uma abordagem multiobjetivo. Porém, uma coisa é fato: as empresas não podem mais assumir a tarefa de tratar a LR como uma tarefa secundária.

Um dos pontos cruciais na implementação da LR é a satisfação do cliente. Contudo, a satisfação do cliente pode ser vista de duas formas distintas: como algo específico da situação ou como algo cumulativo.

No primeiro caso, o foco está na avaliação do cliente na questão específica do produto ou serviço (ou seja, vendas de produtos, solicitações de serviços, pedidos de peças, devoluções etc.). No segundo caso, a avaliação é baseada na experiência total do cliente antes e depois da compra de um produto ou serviço e quanto ao suporte da empresa durante um período de tempo após a compra (ou seja, "experiência total do cliente" do início ao fim).

Mas o que realmente diferencia uma empresa da outra em relação aos serviços de LR? De acordo com a Globaltranz (2014), há cinco diferenciais: agilidade; gerenciamento de estoque; *cycle times*; indicadores de desempenho; posição e presença no mercado.

Vejamos cada um desses itens:

1. **Agilidade** – Corresponde à capacidade de responder bem e rápido às mudanças em relação às demandas de clientes e do mercado.
2. **Gerenciamento de estoque** – Consiste nacapacidade de gerenciar o custo e a disponibilidade dos estoques de forma eficaz.
3. *Cycle times* – É o tempo que a organização leva para atender rotineiramente os pedidos dos clientes e atividades relacionadas, tanto no gerenciamento de logística de entrada quanto no gerenciamento de LR.
4. **Indicadores de desempenho** – Dizem respeito ao uso das métricas mais apropriadas, eficientes e precisas para medir o desempenho (e a satisfação do cliente) continuamente.
5. **Posição e presença no mercado** – É a capacidade da empresa de estabelecer, manter e promover seus pontos fortes de logística, tanto para os clientes existentes quanto para o mercado como um todo.

Apesar dos inúmeros benefícios já destacados, a LR gera custos para a organização – há estimativas de que esses valores sejam entre 10% e 15% do faturamento. Nesse caso, é importante que o cálculo dos custos reais da LR seja realizado da maneira mais fiel possível, o que pode até mesmo aumentar o lucro líquido da empresa.

Conforme a Globaltranz (2014), a equação de cálculo dos custos da LR deve levar em consideração o processamento, as reposições, o manuseio, a disposição final, entre outros itens. A seguir, apresentamos a equação do custo da LR:

Custos de processamento ($-$$)
+ Custos logísticos ($-$$$)
+ Custo dos créditos/reposições ($$$-$$$$$)
+ Depreciação do ativo ($$-$$$$$)
= **Custos totais da LR**

($) – custo baixo
($$$$$) – custo muito alto

Os **custos de processamento** são relativos a todos os processos relacionados com a devolução do produto. Os **custos logísticos** estão associados ao manuseio, à movimentação e ao armazenamento do produto. Quando há devolução, isso pode gerar algum tipo de crédito para o cliente, o que resultaria nos **custos de créditos/reposições**. A **depreciação do ativo** deve ser incluída nos custos, pois em alguns casos o produto devolvido pode ser revendido, mas em outras situações, não.

Cabe lembrar que qualquer melhora nos custos, em geral, pode gerar lucro líquido para a empresa.

Já vimos que o aumento da venda de produtos no comércio eletrônico levou a um aumento no processamento de devoluções e nos custos. Os clientes agora podem procurar os produtos que desejam, fazer o pedido, testá-los e, se estes não agradarem, devolvê-los. Isso também pode ocorrer em caso de avarias no produto ou insatisfação do cliente.

A ascensão do e-commerce é um dos maiores desafios operacionais para as empresas de serviços de LR e, à medida que mais varejistas oferecerem frete grátis, mais consumidores aproveitarão as devoluções de produtos.

De acordo com o *site* Ship My Orders (Rich, 2019), cinco são os problemas com a LR no comércio eletrônico:

1. **Fraude** – Há casos de devoluções fraudulentas com produtos danificados, com peças faltando, trocados ou outro tipo de problema. Nesse caso, o empreendedor precisa ficar bastante atento às normas de devolução e reembolso.
2. **Tempo e custos** – Cada segundo que um produto passa nos correios no caminho de volta para o vendedor ou sendo inspecionado, reparado ou parado em um depósito à espera de ser revendido é um custo adicional. Ser capaz de obter rapidamente o item do consumidor e colocá-lo de volta no mercado é uma necessidade crucial para sistemas de LR.
3. **Remessa internacional** – Processos logísticos para longas distâncias acabam sendo mais custosos e demorados. No caso da LR, esse problema se agrava, pois, caso o cliente tenha de devolver algum produto cuja LR é internacional, há uma grande tendência de o cliente não usar esse serviço e evitar compras futuras nesse negócio.
4. **Escassez de sistemas de informação** – Há uma relativa falta de sistemas de controle e gerenciamento de alto nível estabelecidos e disponíveis para empresas de vários tamanhos.
5. **Legislações** – Diferentes países e regiões têm diferentes leis para políticas de devolução de produtos *online*, o que torna difícil limitar sua política de devolução. Uma das soluções que algumas empresas estão utilizando é ter uma política de devolução mais generosa, o que aumenta o tráfego de vendas, mas também aumenta a pressão sobre a LR, ou seja, existe uma tendência de haver mais devoluções.

Podemos concluir que dispor de um programa abrangente e eficiente de LR é muito importante, especialmente porque o setor de compras está se afastando das lojas físicas e migrando para o *online*. Uma solução de LR que permita devoluções convenientes e fáceis do lado do cliente está se tornando cada vez mais crítica e necessária.

Estudo de caso

Desafios na implementação da LR no e-commerce XYZ

A empresa XYZ (nome fictício), uma *startup* de e-commerce especializada em eletrônicos, está enfrentando desafios significativos em relação à LR. A empresa percebeu que, embora tenha um modelo de negócios eficaz e canais de distribuição bem estabelecidos, a gestão da LR tornou-se um obstáculo para garantir a satisfação do cliente e atender às normativas ambientais.

A XYZ tem enfrentado dificuldades para implementar um sistema eficiente de LR que contemple as expectativas dos clientes e cumpra as regulamentações ambientais. Muitos clientes reclamam de processos complicados para a devolução de produtos, e a empresa se depara com desafios em relação ao descarte ambientalmente adequado dos itens devolvidos.

Os desafios enfrentados são os seguintes:

- Complexidade na gestão de devoluções – Clientes relatam dificuldades em entender o processo de devolução, o que impacta negativamente sua satisfação com a empresa.
- Descarte ambientalmente consciente – A empresa não tem um sistema claro para lidar com a LR de produtos, o que resulta em desafios ambientais.

Considerando os desafios enfrentados pela empresa XYZ em relação à LR no e-commerce, como você proporia a simplificação do processo de devolução para os clientes e a implementação de práticas eficazes de descarte ambientalmente responsável dos produtos devolvidos?

Proposta de solução

1. Simplificação do processo de devolução
- Desenvolvimento de um portal *online* intuitivo para gerenciar devoluções, proporcionando aos clientes instruções claras e simplificadas para iniciar e acompanhar o processo de devolução.
- Introdução de pontos físicos de devolução estrategicamente localizados para oferecer opções adicionais e maior conveniência aos clientes que preferem interações presenciais.
- Implementação de um sistema de rastreamento em tempo real que permita aos clientes monitorar o *status* de suas devoluções, reduzindo a incerteza e melhorando a transparência.

2. Descarte ambientalmente responsável
- Estabelecimento de parcerias com empresas especializadas em reciclagem e reutilização para garantir que os produtos devolvidos sejam tratados de maneira sustentável.
- Introdução de um programa de doações para produtos devolvidos em boas condições, contribuindo para causas sociais e minimizando o desperdício.
- Educação dos clientes sobre a importância do descarte adequado e fornecimento de incentivos para aqueles que optam por participar de iniciativas de reciclagem.

3. Avaliação de desempenho detalhada
- Monitoramento contínuo da satisfação do cliente por meio de pesquisas e análises de *feedback*.
- Auditorias regulares para garantir que os processos de descarte estejam em conformidade com as normas ambientais.
- Relatórios periódicos sobre o volume de produtos reutilizados, reciclados e doados, destacando o impacto positivo nas comunidades e no meio ambiente.

Para saber mais

O Sebrae, em parceria com a Associação Paulista das Agências Digitais, desenvolveu o *Guia de e-commerce*, um material didático que tem como principal objetivo orientar empresas e empreendedores brasileiros para atuarem no comércio eletrônico. Nesse material, o leitor vai encontrar uma série de informações sobre como abrir seu negócio no e-commerce além de dicas de como atuar nesse setor.

O material pode ser acessado pelo *link* indicado a seguir:

APADI – Associação Paulista das Agências Digitais. **Guia de E-commerce**. Disponível em: <https://bibliotecas.sebrae.com.br/chronus/ARQUIVOS_CHRONUS/bds/bds.nsf/ccde5f38db3f12766787f0b25c4067d9/$File/SP_guiadeecommerce_16.pdf.pdf>. Acesso em: 14 maio 2023.

Síntese

Desde a década de 1990, com a chegada da internet para a grande massa populacional, o comércio eletrônico vem ganhando força. No entanto, foi com o advento da pandemia de Covid-19, no início de 2020, que o comércio eletrônico alavancou de vez.

Atualmente, o comércio eletrônico responde por 14,1% de todas as vendas no varejo em todo o mundo. Mas, provavelmente, quando você estiver lendo esta página, esse percentual será bem maior, segundo a projeção de especialistas.

Apesar de já ter sua história consolidada, o e-commerce vem evoluindo periodicamente. O gerenciamento da cadeia de suprimentos (SCM) precisa ser muito bem planejado para ter o máximo de eficiência possível. Vale sempre ressaltar que o setor de comércio eletrônico não se limita apenas à criação de um *site* e à venda de produtos *online*; ele inclui configuração do produto, infraestrutura adequada, logística, pagamento seguro e gerenciamento dessa cadeia de suprimentos, uma vez que as taxas de devolução são superiores àquelas do varejo tradicional. Portanto, compreender que tipo de modelo de negócios se deseja (B2B, B2C ou outro) é fundamental.

Há uma série de indicadores que buscam otimizar ao máximo os serviços de LR oferecidos ao cliente. Conhecê-los é muito importante para conseguir se manter em um mercado tão competitivo.

Nunca é demais lembrar que o impacto da LR tornou-se um grande desafio operacional para empresas de comércio eletrônico de todos os portes. Um processo de devolução ineficiente corrói as margens de lucro e prejudica a satisfação do cliente, enquanto um processo eficiente ajuda a atrair novos compradores e aumenta a fidelidade do cliente. Embora os problemas relativos às devoluções possam ser bastante complexos – especialmente no que se refere a transações internacionais –, resolvê-los pode fornecer um grande impulso para muitos negócios *online*.

Vimos que existem muitas maneiras pelas quais a LR pode beneficiar uma empresa. Por exemplo, ao planejar com antecedência as devoluções, o empreendedor pode reduzir custos e perdas relacionados ao processo. Mas o principal benefício de ter um sistema de LR eficaz em funcionamento é a retenção de clientes. Se um cliente receber um item danificado ou de tamanho incorreto, a maneira como se tratam as devoluções pode ajudar a manter ou até mesmo aumentar a confiança na marca. Facilitar a experiência de devolução para os clientes, por exemplo, fornecendo um bônus de devolução ou pagando pelo frete, pode construir uma grande fidelidade à marca e aumentar sua vantagem competitiva.

Questões para revisão

1. Assinale a alternativa que melhor explica o conceito de e-commerce:

    a. É a compra e venda de produtos e serviços por meio da internet, bem como a transferência de finanças e informações para a realização dessas transações.

    b. Está relacionada ao *download* de modelos e cursos ou mídias que devem ser adquiridos para consumo.

c. É a coleta prévia de dinheiro dos consumidores antes mesmo da chegada de um produto, visando adquirir o valor monetário necessário para inserir o produto no mercado.

d. São empresas que foram fundadas para desenvolver um produto ou serviço único, colocá-lo no mercado e torná-lo irresistível e insubstituível para os clientes.

2. Assinale a alternativa que melhor apresenta o conceito de SCM:

    a. É o procedimento de emprego de matérias-primas e mão de obra para a finalização de um produto já acabado e que pode ser comercializado com um cliente.

    b. Pode ser definido como todo o procedimento de fabricação e venda de produtos comerciais, compreendendo as etapas que vão desde o abastecimento com os materiais e a produção dos bens de consumo até sua distribuição e venda.

    c. É qualquer indivíduo ou empresa que, por meio de um contrato de transporte, se compromete a realizar ou obter o desempenho do transporte ferroviário, rodoviário, marítimo, aéreo, fluvial ou por uma combinação de modos.

    d. É um documento obrigatório que identifica a transação entre um vendedor e um comprador.

3. Assinale a alternativa que apresenta os três principais canais de distribuição logísticos:

    a. Aéreo, terrestre e aquaviário.
    b. Físico, virtual e híbrido.
    c. Direto, indireto e híbrido.
    d. Manual, eletrônico e 3D.

4. Apresente duas diferenças entre os modelos de negócios B2B e B2C.

5. De acordo com a Globaltranz (2014), quais são os cinco elementos que diferenciam competitivamente as empresas que trabalham a LR em seus negócios?

Questões para reflexão

1. Entre os sete modelos de negócios apresentados para o e-commerce, em sua opinião, qual seria o mais vantajoso? Justifique.

2. Na Seção 4.5, apresentamos a equação do custo da LR. Descreva brevemente que estratégias você utilizaria para minimizar ao máximo os custos de cada item apresentado na equação.

Logística reversa e o desenvolvimento sustentável

Conteúdos do capítulo

- Aspectos gerais da norma ISO 14001.
- Análise do ciclo devida do produto (ACVP).
- Produção mais limpa (P+L).
- Economia circular.

Após o estudo deste capítulo, você será capaz de:

1. compreender os aspectos do desenvolvimento sustentável atrelado à logística reversa;
2. compreender como a norma ISO 14001 pode auxiliar na implementação da logística reversa mais sustentável;
3. entender como o conceito de ACVP pode determinar a sustentabilidade do produto;
4. compreender o conceito de economia circular.

capítulo 5

O desperdício e a geração de resíduos devem aumentar significativamente nos próximos anos. Para termos uma ideia, quase um terço dos resíduos produzidos em nosso planeta vem dos países asiáticos (Modak et al, 2010). Além disso, 44,7 milhões de toneladas de lixo eletrônico são gerados em todo o mundo anualmente, de acordo com os relatórios da Global E-waste Monitor (Baldé et al., 2017).

A conferência da Organização das Nações Unidas (ONU) de 1972, em Estocolmo, destacou a preocupação em preservar e melhorar o meio ambiente e sua biodiversidade, a fim de garantir os direitos humanos e um mundo saudável e produtivo (Razzolini Filho; Berté, 2013). Os países em desenvolvimento argumentaram que sua prioridade era o desenvolvimento, enquanto os países desenvolvidos defendiam a proteção e a conservação do meio ambiente como a questão principal. Assim, o desenvolvimento sustentável tem sido o objetivo geral da comunidade internacional desde a Conferência das Nações Unidas sobre Meio Ambiente e Desenvolvimento (Unced), realizada em 1992, para tentar frear esses impactos ambientais (Razzolini Filho; Berté, 2013).

O desenvolvimento sustentável foi definido de várias maneiras, mas a definição mais frequentemente citada é aquela apresentada no documento *Nosso futuro comum*, também conhecido como *Relatório Brundtland*, segundo o qual o desenvolvimento sustentável é aquele que satisfaz as demandas do presente sem prejudicar a capacidade das gerações futuras de suprir suas próprias necessidades (CMMAD, 1991). O conceito de *necessidades* vai além das meras necessidades materiais e inclui valores, relacionamentos, liberdade para pensar, agir e participar, tudo resultando em uma vida sustentável, moralmente e espiritualmente.

Durante o período de 1972 a 1992, mais de 200 acordos e convenções regionais e internacionais para proteção e conservação ambiental foram adotados. No entanto, a maioria desses acordos foi negociada individualmente e tratada como entidade separada, com muitos deles carecendo de integração sistêmica dentro da estrutura social, econômica e ambiental do desenvolvimento sustentável (Razzolini Filho; Berté, 2013).

Em 1992, a Cúpula da Terra (Rio 92 ou ECO 92) levou os governos do mundo a deliberar e negociar uma agenda para o meio ambiente e o desenvolvimento no século XXI. Entre vários compromissos, a conferência apelou aos governos para elaborar estratégias nacionais para o desenvolvimento sustentável, incorporando medidas de políticas delineadas na Declaração do Rio e na Agenda 21 (Razzolini Filho; Berté, 2013).

Assim, o desenvolvimento sustentável reconhece que o crescimento deve ser inclusivo e ambientalmente correto para reduzir a pobreza e construir prosperidade compartilhada para a população atual e continuar a atender às necessidades das gerações futuras. Ainda, deve ser eficiente com o uso de recursos e cuidadosamente planejado para proporcionar benefícios imediatos e no longo prazo para as pessoas, o planeta e a economia. Portanto, podemos considerar que os três pilares para o desenvolvimento sustentável são: crescimento econômico, gestão ambiental e inclusão social.

Apesar dos esforços de muitos governos em todo o mundo para implementar tais estratégias, bem como da cooperação internacional para apoiar os governos nacionais, existem preocupações contínuas sobre o desenvolvimento econômico e ambiental global em muitos países.

Neste capítulo, apresentaremos algumas ferramentas que podem ser implementadas, juntamente com a logística reversa (LR), para alcançar o desenvolvimento sustentável.

5.1 Logística reversa e a norma ISO 14001

No sentido empresarial e organizacional, a qualidade pode ser entendida como atender ou exceder as necessidades e expectativas dos clientes. Isso significa que qualidade é mais do que um produto que simplesmente funciona de maneira adequada. Também pode incluir os conceitos de desempenho, aparência, disponibilidade, entrega oportuna e adequada, confiabilidade, facilidade de manutenção, custo-benefício e preço baixo (Nikolaidis, 2013).

O gerenciamento da qualidade (GQ) abrange todas as atividades, garantindo que os produtos e os serviços atendam à sua finalidade e às especificações predeterminadas. Como tal, constitui uma antiga área científica e de investigação que tem sido desenvolvida e implementada, principalmente, em várias fases do avanço dos processos de produção (Nikolaidis, 2013).

É bem conhecido que o GQ pode ser dividido em duas partes principais: garantia da qualidade e controle de qualidade. A **garantia da qualidade** pode ser considerada a forma "antiquada" de GQ. Seu objetivo principal é detectar saídas não conformes em vez de evitá-las e, em algumas ocasiões, pode ser um processo muito caro. Consequentemente, as empresas geralmente se concentram no **controle de qualidade**, que envolve, na verdade, todos os processos sistemáticos que garantem que um produto ou serviço atenda a requisitos particulares. Mais especificamente, a garantia da qualidade diz respeito à forma como um produto ou serviço é produzido ou entregue, com o objetivo de minimizar as chances de se tornar não conforme. Por outro lado, o foco do controle de qualidade está principalmente no *design* do produto, bem como nos processos e procedimentos envolvidos na produção de um produto ou serviço. Isso significa dizer que, se o projeto do produto e os processos de produção forem rigidamente controlados, a qualidade provavelmente aparecerá em um nível elevado. Consequentemente, haverá menos necessidade de conduzir um controle de qualidade completo (Nikolaidis, 2013).

Nesse contexto, ao longo dos anos, o mundo industrial compreendeu aos poucos a utilidade dos padrões de GQ, como as normas ISO 9000, ISO 22000 e ISO 14000, que foram iniciados para estabelecer uma estrutura de como as empresas deveriam gerenciar seus processos.

Os padrões podem melhorar a organização das empresas, tanto as fabricantes de produtos ou quanto as prestadoras de serviços, independentemente de seu porte ou campo de atividade. Além disso, podem ajudar as empresas a deixar mais claros seus objetivos e, mais importante, a evitar erros e não conformidades dispendiosas.

A ISO 14000, disponibilizada pela Associação Brasileira de Normas Técnicas (ABNT), é definida como uma série de normas, guias e relatórios técnicos internacionais de gestão ambiental. Os padrões especificam os requisitos para o estabelecimento de uma política de gestão ambiental, determinando os impactos ambientais de produtos ou serviços, planejando objetivos ambientais, implementando programas para atingir os objetivos e conduzindo ações corretivas e análise crítica da gestão (ABNT, 2015).

Entre as diferentes séries, cabe destacar a norma ISO 14001:2015, a qual tem como principal objetivo estabelecer os critérios para a implementação de um sistema de gestão ambiental em determinada empresa. É importante ressaltar que ela não define requisitos para o desempenho ambiental exatamente, mas traça uma estrutura que uma empresa ou organização pode seguir para estabelecer um sistema de gestão ambiental eficaz. Ainda, essa normativa pode ser usada por qualquer organização que queira promover o uso eficiente dos recursos, reduzir o desperdício e diminuir os custos (ABNT, 2015).

A ISO 14001 é o principal padrão internacional para sistemas de gestão ambiental. Entre suas normativas estão:

1. *Identificar os impactos ambientais na fabricação e outras atividades;*

2. *Definir metas ambientais, medir o desempenho e revisar o progresso das atividades;*

3. *Estabelecer procedimentos para reduzir e controlar os riscos e impactos de suas atividades, respondendo a emergências e tomando medidas corretivas;*

4. *Comunicar políticas e requisitos e treinar funcionários, contratados e outros nas instalações da empresa;*

5. Manter registros e documentação relativos aos processos da empresa;
6. Auditar o cumprimento dos regulamentos e o desempenho do sistema de gestão.
(ABNT, 2015, p. 8)

A implementação da norma ISO 14001 pode garantir uma melhor gestão da empresa e de seus colaboradores, assim como de seus *stakeholders*, informando a estes que o impacto ambiental está sendo monitorado e melhorado. Desse modo, podemos afirmar que a implementação da ISO 14001 auxilia os empreendimentos no cumprimento de suas metas ambientais e econômicas (ABNT, 2015). Desde a introdução da ISO 14001, em setembro de 1996, ela atraiu grande atenção de organizações em vários setores, e um número crescente de organizações e indústrias tem participado ativamente na implementação desse novo padrão. Para termos uma ideia, existem mais de 300 mil certificações da ISO 14001 em 171 países ao redor do mundo (ISO, 2020).

Os efeitos positivos do GQ nas empresas são numerosos. Por exemplo, por meio de um GQ eficaz, as empresas desfrutam de custos reduzidos com a baixa qualidade de produtos ou serviços, aumento da produtividade, melhores relacionamentos com fornecedores e clientes, tempos de ciclo reduzidos, distribuição mais rápida de produtos ou serviços para o mercado, fluxo de processos aprimorado, desperdício reduzido, acréscimo de valor para os clientes, custos indiretos mais baixos, processos de tomada de decisão mais rápidos, eficiência operacional, melhores condições de trabalho etc. É justamente nesse contexto que a norma ISO 14001 entra para alinhar as questões ambientais do negócio.

A partir dessa contextualização, é natural pensar que os benefícios de um eficaz GQ também se aplica aos serviços de LR e às atividades de recuperação.

Nos últimos anos, a associação entre as normas ambientais – compulsórias ou voluntárias – e os processos logísticos tem sido denominada *Green Supply Chain Management* – GSCM (gerenciamento sustentável da cadeia de suprimentos).

O GSCM pode ser definido como a cadeia de pontos de contato para um produto ou serviço do fabricante ao cliente, em que cada elo da cadeia integra as preocupações com o meio ambiente e as preocupações econômicas e sociais em todos os seus processos. O termo *verde* se refere ao meio ambiente e é um dos três pilares do conceito de sustentabilidade – ambiental, social e econômico. Os elos da cadeia de abastecimento incluem fornecedores de matérias-primas, componentes, produto ou serviço acabado e distribuidores de atacado e varejo.

É preciso observar que o GSCM aplica-se a cada um dos elos da cadeia de abastecimento, agindo de forma amiga do ambiente, e envolve assegurar que todos os parceiros da cadeia de abastecimento partilham a mesma preocupação com o ambiente (Rahimifard; Clegg, 2007).

O GSCM adiciona um componente "verde" ao gerenciamento convencional da cadeia de suprimentos por meio de obtenção, compra, projeto, fabricação, operações, transporte e distribuição de produtos aos clientes de maneira ecologicamente correta. Ele usa a LR e a gestão de resíduos para programar, aplicar e monitorar o deslocamento econômico e bem-organizado de matérias-primas, catálogo em processo, produtos acabados e informações associadas, desde o ponto de ingestão até o ponto de coleta de valor ou descarte adequado (Ghobakhloo; Tang, 2013).

Portanto, o GSMC destaca as aplicações da estratégia-chave de desenvolvimento sustentável. Ele enfatiza como as práticas verdes podem ser adotadas para mitigar a degradação ambiental e aumentar o desempenho econômico e operacional das empresas.

Khan e Qianli (2017) explicam alguns conceitos da gestão sustentável e da gestão verde da cadeia de suprimentos e a forma como se interceptam:

- Elas estão interligadas, uma vez que aplicam princípios de gestão ambiental a todas as fases do ciclo de pedidos do cliente, abrangendo *design*, aquisição, fabricação, montagem, embalagem, logística e distribuição.
- Ambas incorporam o pensamento ambiental à gestão da cadeia de suprimentos, envolvendo o *design* ecológico de produtos, a aquisição de materiais e componentes sustentáveis, a reengenharia das etapas de fabricação em direção à ecologia e o gerenciamento da LR do produto após seu ciclo de vida.
- Ambas incorporam a preocupação ambiental à cadeia de abastecimento empresarial, incluindo práticas de LR.

- Ambas buscam reduzir e controlar os impactos prejudiciais da cadeia de suprimentos no meio ambiente.
- Ambas buscam adotar um *design* ecologicamente sustentável, adquirir materiais e produtos químicos de maneira sustentável e oferecer treinamentos ecológicos aos funcionários sob uma liderança ética.

A cadeia de suprimentos verde integra conceitos ecológicos à gestão da cadeia de suprimentos para aprimorar a sustentabilidade ambiental por meio de práticas como compras sustentáveis, distribuição e armazenamento ecológicos, transporte com o uso de biocombustíveis, processos de fabricação sustentáveis e gerenciamento ambiental no fim do ciclo de vida dos produtos.

É importante destacar que, desde meados da década de 1990, diversas ações voluntárias de gestão ambiental foram adotadas por empresas em todo o mundo. Além do GSCM, a prática mais usual é a adoção da norma ISO 14001, discutida anteriormente.

Para Lopes, Sacomano Neto e Spers (2013), com a crescente aceitação da ISO 14001, a gestão da cadeia de suprimentos desempenha um papel cada vez mais relevante na adoção de práticas ambientais. Nesse contexto, é necessário considerar que, frequentemente, os clientes estão localizados em regiões distantes ou em países diferentes, tornando impraticável para eles verificar e monitorar diretamente o desempenho ambiental de seus fornecedores. Dessa maneira, esses clientes preferem confiar em selos de acreditação internacional, como a certificação ISO 14001, que garante o sólido desempenho ambiental das empresas.

De acordo com Lopes, Sacomano Neto e Spers (2013), a LR, o GSCM e a ISO 14001 têm partes em comum e características particulares que os diferenciam. Vejamos essas diferenças:

- **LR** – Refere-se ao movimento de mercadorias do ponto de consumo ao ponto de origem, visando recuperar o valor do produto ou garantir um descarte apropriado. As partes envolvidas incluem clientes, distribuidores, fabricantes e fornecedores. As evidências de atendimento podem ser comprovantes fiscais de retorno, reutilização, reciclagem, remanufatura ou destinação final dos materiais (Lopes; Sacomano Neto; Spers, 2013).

- **ISO 14001** – Estabelece requisitos para sistemas de gestão ambiental, sujeitos a auditorias para verificar a conformidade com a norma. Foca o gerenciamento dos impactos ambientais da organização, sendo a empresa a parte envolvida. A evidência de atendimento é o certificado ISO, emitido pelo órgão certificador (Lopes; Sacomano Neto; Spers, 2013).
- **GSCM** – Busca melhorar as práticas ambientais das empresas, gerenciando os impactos ambientais por meio de suas redes. Envolve toda a cadeia de suprimentos, incluindo fornecedores, distribuidores e clientes. As evidências de atendimento podem ser certificados ISO, relatórios sociais e a ausência de pendências ou notificações ambientais (Lopes; Sacomano Neto; Spers, 2013).

A estratégia de implementação do GSCM pode ser baseada no risco e/ou na inovação. Uma estratégia de GSCM impacta diretamente o desempenho geral ambiental, econômico e operacional. Os benefícios econômicos são derivados de aumento da eficiência por meio da redução do desperdício, vantagem competitiva por meio da inovação, melhoria da qualidade do produto, objetivos ambientais corporativos consistentes e melhoria da imagem pública.

Na economia globalizada de hoje, as empresas cada vez mais demonstram a convergência entre a cadeia de suprimentos e a sustentabilidade. A capacidade das empresas de implementar o GSCM está se tornando uma nova e poderosa fonte de vantagem competitiva e bom desempenho econômico (Mollenkopf et al., 2010).

Especificamente, as empresas que adotam o padrão ISO 14001 são rotuladas como amigáveis ao meio ambiente e, portanto, podem obter vantagens diferenciais na venda de seus produtos, o que pode levar a maiores participações de mercado e maior lucratividade. Além disso, as empresas que adotam a norma ISO 14001 podem desenvolver processos de produção mais eficientes, que reduzem os custos operacionais e de eliminação de resíduos, por exemplo (Nishitani, 2011).

5.2 Análise do ciclo de vida do produto (ACVP)

Já vimos que por muitos anos o modelo de produção e consumo praticado pela sociedade seguiu o fluxo "pegar → usar → descartar", que consiste na extração de insumos para serem transformados em bens de consumo e, após o consumo, serem descartados. Embora esse fluxo tenha gerado um crescimento significativo da indústria e do mercado consumidor, também gerou enormes impactos ambientais e sociais negativos (Esposito; Tse; Soufani, 2017).

Assim, tanto o descarte inadequado quanto o uso indiscriminado de recursos finitos (como matéria-prima ou como fonte de energia) formam a base de um padrão a ser superado, que, na prática, resulta em perdas econômicas significativas na cadeia de valor e, consequentemente, na competitividade de uma organização empresarial.

O conceito de ciclo de vida do produto (CVP) está atrelado aos processos que vão desde a concepção desse produto (desenvolvimento e *design*, por exemplo), passando por lançamento e vendas, até o fim de sua vida útil – tudo isso em um determinado espaço de tempo.

Segundo Kotler (2004, p. 317), o CVP deve levar em consideração quatro aspectos distintos. O primeiro consiste em entender que todo produto tem um fim de vida útil (*end-of-line* – EOL); o segundo é que a venda desse produto passa por diferentes estágios; o terceiro é que, assim como no segundo aspecto, os lucros passam por diferentes variações ao longo do processo de venda; em quarto lugar, são necessárias diferentes estratégias de venda, *marketing*, distribuição etc. para cada etapa do ciclo de vida desse produto.

Para Kotler (2004), o CVP passa alguns estágios distintos, começando pelo desenvolvimento do produto, que demanda consideráveis investimentos. Na fase de crescimento do produto, observa-se um aumento significativo nas vendas, o que permite a recuperação dos investimentos iniciais. A maturidade do produto se estabelece quando as vendas atingem um platô, resultando em uma estabilização dos lucros, porém, no longo prazo, ocorre uma diminuição em virtude da redução das vendas. Finalmente, o declínio do produto se instaura quando atinge sua obsolescência, sendo substituído por uma alternativa mais inovadora no mercado. Esse ciclo fornece uma perspectiva estratégica para os gestores, orientando as decisões desde a concepção até a eventual substituição do produto no mercado.

Dessa maneira, levando em consideração essas informações, podemos afirmar que o CVP pode ser considerado uma variável fundamental que influencia as estratégias de negócios. De acordo com Hofer (1990), a variável mais importante na determinação de uma estratégia de negócios é o estágio em que o CVP está; além disso, grandes mudanças na estratégia de negócios são geralmente necessárias durante três etapas do ciclo de vida: introdução/desenvolvimento, maturidade e declínio do produto.

Nesse sentido, em razão das preocupações decorrentes da destruição do meio ambiente e, por consequência, da escassez de recursos naturais, as ações de remanufatura estão se tornando cada vez mais importantes nos dias de hoje. A responsabilidade social corporativa (RSC), as legislações governamentais, a provisão de subsídio em dinheiro, a regulamentação de carbono e a consciência ambiental dos clientes são alguns impulsionadores da expansão da LR, enquanto a viabilidade econômica é o principal motivo que pode atrair as empresas para investir nessas operações reversas (Rizova; Wong; Ijomah, 2020).

Consideramos que as fases do CVP têm efeitos indiscutíveis nas decisões dos canais de LR. Por exemplo, em virtude do rápido surgimento de novos produtos e de ciclos de vida mais curtos, os usuários finais podem ser motivados a comprar novos produtos, apesar de o CVP dos produtos anteriores ainda não estar no fim. Alguns produtos baseados em tecnologia (por exemplo, telefone celular, *tablet* e *laptop*) e eletrodomésticos (por exemplo, geladeira, aparelho de televisão e máquina de lavar) podem ser colocados nessa categoria. Nesse aspecto, os clientes estão mais dispostos a devolver os produtos usados, o que pode afetar significativamente a taxa de devolução na LR. Vale destacar que aqui não estamos levando em conta os processos de revenda de segunda mão.

Assim, revender, reutilizar e consertar podem ser processos lucrativos para os produtos devolvidos nas fases de introdução e crescimento, porque o valor contido nos produtos é substancial nos estágios primários.

Por outro lado, a remanufatura e o recondicionamento são mais adequados para os produtos devolvidos nas fases de maturidade e declínio.

Nesta seção, vamos dar destaque ao que chamamos de *cadeia de suprimentos de malha fechada* (CSMF). Em tal sistema, os produtos devolvidos por meio da LR podem ser entregues ao fabricante para que este realize atividades de remanufatura, que são mais baratas do que as operações de produção propriamente ditas, assim como evitam que os produtos sejam liberados no meio ambiente de maneira inadequada (Asl-Najafi et al., 2015).

Portanto, podemos considerar que a ACVP é uma metodologia para analisar os aspectos ambientais e os possíveis impactos relacionados a um produto (ABNT, 2009), ou seja, ela avalia os impactos socioambientais que determinado produto causa desde a aquisição da matéria-prima que será utilizada em sua produção até seu descarte final.

Sendo a ACVP uma das várias técnicas de gestão ambiental, ela permite à empresa identificar oportunidades para aprimoramento e desenvolver um planejamento estratégico específico para o produto, considerando seus pontos fortes e áreas de melhoria. Também possibilita escolher os indicadores ambientais mais relevantes, algo essencial para uma avaliação precisa. Além disso, permite implementar estratégias de *marketing* eficazes, incluindo rotulagens e certificações, o que contribui para destacar as características positivas do produto no mercado (ABNT, 2009). Para Park e Tahara (2008), é possível conceber um produto amigo do ambiente mantendo um elevado nível de qualidade e satisfação do consumidor. Os autores consideram simultaneamente os aspectos de qualidade, ambientais e de satisfação do cliente dos produtos, usando a ecoeficiência baseada no produtor e no consumidor. A primeira metodologia é usada para identificar os principais problemas de um produto em relação à qualidade e ao impacto ambiental; a segunda é utilizada para identificar a satisfação do consumidor e as características do produto relacionadas ao impacto ambiental.

Ainda sobre esse tema, em revisão de literatura conduzida por Ilgin e Gupta (2010), algo interessante foi proposto. Trata-se das metodologias baseadas em *Quality Function Deployment* – QFD (implementação da função de qualidade), que foram desenvolvidas a fim de alcançar o chamado *design para o meio ambiente* ou *design ambientalmente correto*, ou seja, o *design* de produtos de modo que seu impacto ambiental ao longo de seu ciclo de vida seja minimizado. Esse tipo de *design* de produto também está relacionado à qualidade e à recuperação e, portanto, é interessante no que diz respeito aos processos de LR e reciclagem.

Para saber mais

Para conhecer mais detalhes sobre a ACVP, sugerimos a leitura da norma da ABNT 14040, que define a estrutura geral, os princípios e os requisitos para a realização e a documentação de estudos de ACVP.

ABNT – Associação Brasileira de Normas Técnicas. **NBR ISO 14040**: Gestão ambiental: avaliação do ciclo de vida – princípios e estrutura. Rio de Janeiro, 2009. Disponível em: <https://www.normas.com.br/visualizar/abnt-nbr-nm/21711/nbriso14040-gestao-ambiental-avaliacao-do-ciclo-de-vida-principios-e-estrutura>. Acesso em: 24 nov. 2023.

5.3 Logística reversa e a sustentabilidade

Como mencionado anteriormente, o desenvolvimento sustentável traz a ideia de que as sociedades humanas presentes devem viver e atender às próprias necessidades sem comprometer a capacidade de as gerações vindouras serem também capazes de atender às próprias necessidades. A definição oficial de desenvolvimento sustentável foi apresentada pela primeira vez no *Relatório Brundtland*, também conhecido como *Nosso futuro comum*, em 1987 (CMMAD, 1991).

Assim, podemos dizer que desenvolvimento sustentável é uma forma de organizar as sociedades humana e não humana, para que elas continuem existindo e coexistindo.

Basicamente, podemos afirmar que a Revolução Industrial, do século XVIII ao XIX, foi um marco histórico para as questões socioambientais. Durante o início do século XIX, as emissões de dióxido de carbono (CO_2)

aumentaram continuamente, atingindo 54 milhões de toneladas por ano em 1850 (Blunden; Boyer, 2021). Atualmente, os níveis de CO_2 são mais altos do que em qualquer momento dos últimos anos.

As quantidades de CO_2 estão aumentando principalmente por causa dos combustíveis fósseis (combustíveis à base de petróleo, principalmente), que usamos para obter energia.

É nesse contexto que podemos observar a importância da LR, visto que ela traz benefícios ao meio ambiente e à sociedade ao usar os produtos devolvidos ao processo de produção.

A reutilização e o reprocessamento dos materiais devolvidos por produtores e consumidores possibilitam a geração de novos produtos ou de produtos de menor valor. Também convém notar que diversas indústrias têm processos e canais de LR relativamente bem estabelecidos para materiais usados e em fim de vida, incluindo peças automotivas, recipientes de bebidas, peças de plástico, câmeras, eletrônicos, *toner* para impressoras ou copiadoras, baterias, produtos químicos e papel.

Portanto, podemos afirmar que se trata de uma estratégia organizacional que pode ajudar a desacelerar ou prevenir a degradação ambiental.

Tão importante quanto a LR é manter os custos operacionais baixos, os quais são componentes igualmente importantes nas práticas de sustentabilidade de uma empresa. Como o objetivo da LR é maximizar o valor dos ativos, ela faz da reciclagem de produtos e materiais um ponto focal. Com isso, a LR garante que a empresa produza, em tese, menos resíduos.

As atividades de LR – como reparo, reforma, reembalagem, reciclagem e coleta de material – podem reduzir o impacto ambiental, social e econômico de uma empresa. Ao mesmo tempo, podem aumentar a lucratividade e a utilização de ativos de uma empresa. Dessa forma, a LR é essencial para as empresas que querem melhorar a sustentabilidade, pois as duas áreas estão interligadas.

Embora grande parte da LR verde se concentre em mercadorias devolvidas e na melhor forma de reutilizá-las ou descartá-las de maneira econômica e ecologicamente correta, o processo de LR também tem uma variedade de implicações de transporte e pegada de carbono*. Tornar os processos de devolução de mercadorias mais ecológicos, mas ignorar as preocupações com o transporte reverso torna-se uma estratégia de LR incompleta.

5.4 Produção mais limpa (P+L)

Em 1987, a Comissão Mundial sobre Meio Ambiente e Desenvolvimento (CMMAD) lançou pela primeira vez a expressão *produção mais limpa*. A produção mais limpa (P+L) pode ser definida como a aplicação de estratégias econômicas, ambientais e tecnológicas aos produtos e processos produtivos, visando, justamente, torná-los mais eficientes, sobretudo com relação ao uso de matérias-primas, energia e recursos hídricos. Essa otimização reduz a produção de resíduos e poluentes (Unep, 2023).

A P+L e os sistemas de gestão ambiental estão localizados no topo das ferramentas de desenvolvimento sustentável. Uma ampla gama de iniciativas P+L pode contribuir para o desenvolvimento sustentável não apenas por meio da gestão eficiente de recursos e energia, mas também por meio do desenvolvimento de tecnologias novas e inteligentes e de novas formas de auxiliar no desenvolvimento de políticas e na organização de cadeias de suprimentos, setores e empresas individuais.

Portanto, a P+L pode reduzir os custos operacionais das empresas, melhorar a lucratividade e a segurança do trabalhador e diminuir o impacto ambiental do negócio. As empresas frequentemente se surpreendem com as reduções de custos que podem ser obtidas com a adoção de técnicas de P+L. Repetidamente, é necessário um gasto mínimo ou nenhum gasto de capital para obter ganhos que valham a pena, com períodos de retorno rápido. Por tudo isso, é óbvio que as técnicas de P+L são um bom negócio para a indústria, pois:

- reduzem o custo de eliminação de resíduos;
- reduzem o custo da matéria-prima;
- reduzem os custos de danos ao ambiente de segurança da saúde;

---

* A pegada de carbono é a quantidade total de gases de efeito estufa (incluindo dióxido de carbono e metano) que são gerados por nossas ações.

- melhoram a imagem da empresa diante dos *stakeholders*;
- melhoram o desempenho das empresas;
- melhoram a competitividade do mercado local e internacional;
- ajudam a cumprir os regulamentos de proteção ambiental.

Em uma escala mais ampla e mediante o uso de tecnologias que proporcionem a produção e o uso de produtos mais sustentáveis, a P+L pode ajudar a mitigar os graves e crescentes problemas de poluição do ar e da água, destruição da camada de ozônio, aquecimento global, degradação da paisagem, geração de resíduos sólidos e líquidos, esgotamento de recursos, acidificação do ambiente natural e construído, poluição visual e biodiversidade reduzida (Oliveira Neto; Shibao; Godinho, 2016).

Podemos considerar que existem quatro estágios (fases) durante o ciclo de vida de um produto. Segundo Kotler e Keller (2018, p. 312), os estágios são introdução, crescimento, maturidade e declínio. Vamos compreender brevemente cada um desses estágios:

- Introdução: Neste estágio, o produto está sendo lançado no mercado. As vendas estão geralmente em um nível baixo graças à falta de conscientização e aceitação do produto pelos consumidores. Os lucros são escassos em razão das pesadas despesas associadas ao lançamento, como marketing e desenvolvimento do produto.
- Crescimento: Durante esta fase, o produto começa a ganhar aceitação no mercado. As vendas aumentam rapidamente à medida que mais consumidores se tornam conscientes do produto e optam por comprá-lo. Os lucros geralmente melhoram substancialmente com o aumento das vendas e a otimização dos processos de produção.
- Maturidade: No estágio de maturidade, as vendas atingem seu pico e começam a se estabilizar. A maioria dos compradores potenciais já adotou o produto, e o mercado se torna saturado. A competição pode se intensificar, levando a uma estagnação ou declínio nos lucros, pois as empresas competem por uma participação de mercado estável.
- Declínio: O estágio final do ciclo de vida do produto é o declínio. Neste ponto, as vendas começam a diminuir em virtude das mudanças nas preferências dos consumidores, de avanços tecnológicos ou pela introdução de produtos concorrentes. Os lucros diminuem

ou desaparecem completamente, e as empresas podem decidir descontinuar o produto ou encontrar maneiras de revitalizá-lo antes que seja retirado do mercado.

Ainda, algumas técnicas de P+L incluem, por exemplo (Oliveira Neto; Shibao; Godinho, 2016):

- mudanças na tecnologia de produção;
- mudanças nos materiais de entrada;
- mudanças nas práticas operacionais;
- mudanças no *design* do produto;
- mudanças na gestão de resíduos;
- mudanças nos processos de manutenção;
- mudanças na embalagem.

A P+L está relacionada a outros conceitos de sustentabilidade, como ecoeficiência, tecnologias de som ambiental, ACVP, compras verdes e emissões zero. Para que a P+L seja bem-sucedida, é necessário contar com o apoio da alta administração e com a conscientização, a participação e a contribuição da equipe.

De acordo com uma pesquisa realizada por Cong e Shi (2019), as cinco principais indústrias nas quais o Brasil mais desenvolveu a P+L foram: 1) produção de produtos tabagistas; 2) manufatura de madeira, produtos de madeira e cortiça, excluindo móveis; 3) fabricação de produtos farmacêuticos básicos e preparações farmacêuticas; 4) elaboração de bebidas; 5) extração de minérios metálicos.

O conceito de P+L é semelhante ao conceito de *Best Available Techniques* (BAT), pois a modificação do processo visa minimizar a emissão gerada pelas operações de manufatura por meio da redução do consumo de matéria-prima, água e energia, bem como reduzir a emissão e a geração de resíduos perigosos (Yilmaz; Anctil; Karanfil, 2015).

Nesse sentido, ratificamos a ideia de Silva, Moraes e Machado (2015), para quem a P+L emerge como uma ferramenta que permite às empresas agir preventivamente em relação aos seus aspectos ambientais. Isso ocorre por meio da minimização dos impactos, o que promove redução de custos, otimização de processos, recuperação e aprimoramento do uso de matérias-

-primas e energia. De maneira geral, essa abordagem proporciona ganhos de produtividade por meio de um controle ambiental proativo.

No caso da P+L aplicada à LR, já destacamos que ambas podem ser consideradas uma grande oportunidade de aumentar os lucros de uma empresa, pois elas têm algo em comum: propõem uma economia sustentável; promovem a reutilização de matérias-primas (por meio do reprocessamento ou reciclagem dos materiais); e ajudam a melhor a imagem corporativa da empresa. Para Silva, Moraes e Machado (2015), a LR está impulsionando uma transformação no *design* dos produtos, incorporando projetos que simplificam a desmontagem e a subsequente fabricação.

5.5 Economia circular

Outro conceito bastante atrelado à LR é a economia circular, uma abordagem sistêmica de desenvolvimento econômico projetada para beneficiar as empresas, a sociedade e o meio ambiente, todas ao mesmo tempo. Em contraste com o modelo linear de produção, que utiliza um recurso e depois o descarta, uma economia circular é regenerativa por definição e visa otimizar ao máximo o uso e o reúso de recursos finitos.

A economia circular é baseada em três princípios básicos: eliminação de resíduos e poluição; manutenção de produtos e materiais nos ciclos de produção; e regeneração dos sistemas naturais. A seguir, apresentamos a descrição de cada um desses princípios, de acordo com Gartner (2020):

- **Eliminação de resíduos e poluição** – Uma economia circular revela e projeta os impactos da atividade econômica que causam danos à saúde humana e aos sistemas naturais e busca minimizá-los. Isso inclui a liberação de gases de efeito estufa e substâncias perigosas, a poluição do ar, da terra e da água, bem como a produção de resíduos estruturais, como congestionamento de tráfego.
- **Manutenção de produtos e materiais nos ciclos de produção** – Mediante o uso eficiente das matérias-primas, a economia circular beneficia as atividades que visam à durabilidade, à reutilização, à remanufatura e à reciclagem para conservar os produtos, os componentes e os materiais circulando na economia.

- **Regeneração dos sistemas naturais** – A economia circular evita o uso de recursos não renováveis e preserva ou melhora os renováveis, por exemplo, devolvendo nutrientes valiosos ao solo para apoiar a regeneração ou usando energia renovável em vez de depender de combustíveis fósseis.

Esses modelos de negócios incentivam a reutilização contínua de materiais para minimizar o desperdício e a demanda por consumo adicional de recursos naturais. A economia circular começa com um bom *design*, com o fim da vida útil e o reaproveitamento de matéria-prima em mente.

Apesar da importância, apenas uma minoria dos empreendedores vincula suas estratégias de economia digital e circular. Uma pesquisa mostrou que 70% dos líderes da cadeia de suprimentos estão planejando investir na economia circular nos próximos anos. No entanto, apenas 12% deles vincularam suas estratégias de economia circular e digital até o momento (Gartner, 2020).

Não existe uma única tecnologia que permita às organizações avançar em direção à economia circular. Em vez disso, várias combinações podem conduzir a esse objetivo. Os resultados da pesquisa citada (Gartner, 2020) mostram que as organizações se concentram em quatro tecnologias principais para promover suas atividades de economia circular: 1) análise avançada; 2) impressão 3D; 3) internet das coisas; e 4) aprendizado de máquina.

Portanto, a LR pode ajudar a fechar o CVP e fazer a transição para uma economia circular. Por exemplo, recuperar e reciclar o produto é vital para reduzir o desperdício.

O desperdício deve ser eliminado desde o início do projeto do produto e nas etapas subsequentes para que a marca tenha uma pegada de carbono menor. Já vimos que os clientes de hoje estão mais bem informados sobre as consequências dos resíduos de produtos descartados inadequadamente no meio ambiente. Se o empreendedor deseja estabelecer um relacionamento forte com seus clientes que se preocupam com o meio ambiente e economizar quantias reutilizando e reciclando seus próprios produtos, a economia circular será um aspecto importante para implementar no negócio.

Assim, com um sistema eficiente de LR implantado, o empreendedor será capaz de lidar com as devoluções dos clientes e poderá dispor de soluções, como reutilizar os produtos devolvidos, ou seja, para fechar o ciclo circular dentro da cadeia de abastecimento, as empresas devem estabelecer uma estratégia de LR bem-sucedida.

Outra questão importante é que as empresas devem avaliar todo o seu sistema, observando o modelo de negócios de forma mais ampla – especialmente na fase de *design*, para garantir que os produtos e os materiais possam ser reutilizados, remanufaturados, reciclados ou reparados caso não haja necessidade de colocá-los novamente à venda.

Outra maneira de implementar a economia circular nos negócios é incluir os clientes no processo, e a LR é uma excelente ferramenta para isso. Por exemplo, para obter o retorno de produtos, as empresas podem usar um incentivo para fazer com que seus usuários devolvam produtos em fim de uso e fim de vida útil. Algumas empresas de cosméticos, por exemplo, trocam as embalagens vazias de cosméticos de seus clientes por novos produtos. Esses potes vazios são então reciclados e se tornam potes novos. Isso beneficia as empresas em dobro: primeiro, envia uma mensagem aos clientes (e aos concorrentes) de que a marca considera os problemas ambientais e se esforça para reduzir o desperdício; em segundo lugar, permite à empresa lucrar tanto quanto possível, reutilizando os próprios produtos e materiais para reaproveitá-los e aumentando, assim, seu valor agregado.

Outro exemplo interessante sobre economia circular nos negócios é o caso da marca de roupas Levi Strauss (Levis's). A empresa está empregando com sucesso os princípios da economia circular em seus negócios. A visão dela é encontrar maneiras práticas e criativas de estender a vida dos *jeans* (principal material da marca), reaproveitá-los e/ou recuperar e reprocessar as fibras em matéria-prima para a próxima geração dos produtos. Algumas de suas lojas aceitam roupas e sapatos usados de qualquer marca, os quais a empresa coleta e reaproveita ou recicla (Textile World, 2021).

Outro caso a ser destacado está no setor de eletrônicos. A empresa Dell Technologies (2023) implementou um grande redesenho de economia circular em todo o seu negócio e agora coleta produtos danificados e usados dos consumidores para reprocessar plásticos e usá-los na fabricação de novos produtos.

A verdade é que a maioria dos produtos não é projetada para a LR. Frequentemente, são difíceis de compactar ou desmontar para otimizar o carregamento para transporte. A embalagem, supondo-se que ainda esteja disponível no momento da coleta, geralmente não é projetada para ser reutilizada, e informações limitadas estão disponíveis para determinar se os produtos devolvidos podem ser reutilizados ou devem ser reciclados.

A superexploração dos recursos naturais necessários para alcançar o crescimento econômico e o desenvolvimento teve um impacto negativo sobre o meio ambiente, ao mesmo tempo que fez com que esses recursos se tornassem mais escassos e caros. Portanto, a ideia de uma economia circular oferece novas maneiras de criar um modelo de crescimento econômico mais sustentável para o planeta.

Para alcançar o desenvolvimento sustentável, há a necessidade de conciliar crescimento econômico, desenvolvimento social e preservação ambiental. Muitos desses objetivos podem parecer conflitar uns com os outros no curto prazo. Por exemplo, o crescimento industrial pode entrar em conflito com a preservação dos recursos naturais. Porém, no longo prazo, o uso responsável dos recursos naturais ajudará a garantir que haja recursos disponíveis para o crescimento industrial sustentado no futuro.

O desenvolvimento econômico consiste em fornecer incentivos para que empresas e outras organizações sigam as diretrizes de sustentabilidade para além de seus requisitos legislativos normais. Já o desenvolvimento social envolve a conscientização e a proteção da legislação da saúde das pessoas contra a poluição e outras atividades comerciais prejudiciais. Com relação à proteção ambiental, trata-se da necessidade de proteger o meio ambiente, esteja o conceito de 4 Rs (reduzir, reciclar, recuperar e reutilizar) sendo alcançado ou não. Desse modo, as empresas que conseguem manter suas emissões de carbono baixas estão no caminho certo para o desenvolvimento ambiental.

A proteção ambiental é um dos pilares da sustentabilidade e, para muitos, a principal preocupação do futuro da humanidade. Esse pilar define que as organizações (e a sociedade como um todo) devem priorizar a proteção dos ecossistemas naturais, visando à longevidade de nossos recursos para que as futuras gerações também possam ter acesso a eles. Também diz respeito à forma como a tecnologia conduzirá nosso futuro para ser mais ecologicamente correto, bem como à ideia de que o desenvolvimento de tecnologia é a chave para a sustentabilidade e a proteção do meio ambiente do futuro contra os danos potenciais que os avanços tecnológicos podem trazer.

Por fim, a degradação ambiental e as alterações e mudanças extremas no ambiente natural podem ser encontradas em todos os lugares e fazem parte dos desafios do desenvolvimento sustentável. Tudo isso pode ser observado em muitas partes do mundo e reduz a capacidade de manipular e modificar as relações fundamentais que sustentam os ecossistemas do planeta.

Com a definição de sustentabilidade do *Relatório Brundtland* (CMMAD, 1991) em mente, o acesso humano aos recursos naturais torna-se um direito essencial para o bem-estar da sociedade e um elemento crítico de uma vida digna, juntamente com a transformação para uma economia de serviços baseada no conhecimento. Esse direito abrange o ambiente biofísico e as dimensões econômica, social e institucional, o que também já foi preconizado na Constituição Federal, em seu art. 225: "Todos têm direito ao meio ambiente ecologicamente equilibrado, bem de uso comum do povo e essencial à sadia qualidade de vida, impondo-se ao poder público e à coletividade o dever de defendê-lo e preservá-lo para as presentes e futuras gerações"(Brasil, 1988).

Estudo de caso

LR no comércio eletrônico para o desenvolvimento sustentável

O constante crescimento do comércio eletrônico tem desafiado as empresas a repensar suas práticas para promover a sustentabilidade ambiental. Neste estudo de caso, exploraremos de maneira mais detalhada como a aplicação de princípios de LR, aliados a conceitos de desenvolvimento sustentável e ferramentas específicas, pode resultar em soluções inovadoras e eficazes.

Problema

A empresa XYZ (nome fictício), um renomado varejista *online*, depara-se com um aumento exponencial no descarte inadequado de produtos e embalagens, o que prejudica não apenas o ambiente, mas também a reputação sustentável da empresa. A necessidade urgente é estabelecer uma estratégia que promova práticas mais responsáveis e eficientes em termos de recursos.

Como é possível implementar um sistema de LR eficiente no comércio eletrônico, considerando-se o aumento do descarte inadequado de produtos e embalagens, a fim de promover práticas mais sustentáveis e reduzir o impacto ambiental, mantendo a satisfação do cliente?"

Solução proposta

1. Implementação da LR
- Desafio – Consumidores descartando produtos e embalagens indiscriminadamente.
- Solução detalhada – Introduzir um programa de LR fácil de usar, incentivando os clientes a devolver produtos obsoletos ou embalagens vazias por meio de pontos de coleta estratégicos, mediante a oferta de descontos ou benefícios.

2. Adoção da norma ISO 14001
- Desafio – Garantir a implementação sustentável da LR.
- Solução detalhada – Integrar a norma ISO 14001 ao sistema de gestão, estabelecendo metas mensuráveis para a redução do impacto ambiental da cadeia de suprimentos e garantindo que todas as etapas da LR atendam aos padrões ambientais.

3. ACVP
- Desafio – Avaliar o impacto ambiental ao longo do CVP.
- Solução detalhada – Conduzir uma análise abrangente do CVP, considerando desde a aquisição de matéria-prima até o descarte do produto pelo consumidor. Identificar pontos críticos para otimização e sustentabilidade, integrando essas conclusões à tomada de decisões, do *design* ao pós-consumo.

4. P+L
- Desafio – Minimizar resíduos na produção e melhorar a eficiência.
- Solução detalhada – Revisar processos de produção, incorporando práticas de P+L, como a reutilização de materiais, a redução de embalagens excessivas e a implementação de tecnologias mais eficientes energeticamente.

5. Economia circular
- Desafio – Transição para um modelo mais circular na gestão de resíduos.
- Solução detalhada – Introduzir um programa de reciclagem de embalagens, promovendo a reutilização de materiais em novos ciclos de produção, e colaborar com fornecedores para criar uma cadeia de abastecimento mais circular e sustentável.

Conclusão

A implementação detalhada da LR, da norma ISO 14001, da ACVP, da P+L e da economia circular não apenas contempla os desafios atuais do varejista *online*, mas também estabelece um caminho sustentável para o futuro. Ao adotar essas práticas de maneira integral e detalhada, a empresa reduzirá seu impacto ambiental e fortalecerá sua reputação como uma organização comprometida com o desenvolvimento sustentável.

Para saber mais

O Serviço Brasileiro de Apoio às Micro e Pequenas Empresas (Sebrae) elaborou um material explicativo sobre o CVP com o objetivo de possibilitar a aplicação desse conceito em qualquer empresa, grande ou pequena.

Para ler o material, basta acessar o *link* indicado a seguir:

SEBRAE – Serviço Brasileiro de Apoio às Micro e Pequenas Empresas. **Pensamento do ciclo de vida**: negócios conscientes à caminho da sustentabilidade. Cuiabá, 2017.

Síntese

O desenvolvimento sustentável é aquele capaz de suprir as necessidades da geração atual sem comprometer a capacidade de atender às necessidades das futuras gerações (CMMAD, 1991). Esse conceito foi postulado no *Relatório Brundtland* e preconiza que é de responsabilidade de todos o alcance da sustentabilidade.

Nesse contexto, as diferentes ferramentas desenvolvidas ao longo das décadas seguintes à proposição desse conceito são muito importantes para alavancar esse tipo de desenvolvimento.

Entre essas ferramentas estão as certificações ambientais, das quais a mais conhecida é a norma ISO 14001, que versa sobre os sistemas de gestão ambiental. Neste livro, vimos que, mais recentemente, os processos logísticos têm sido associados a essas normativas ambientais, o que foi denominado *Green Supply Chain Management* (GSCM).

Além da norma ISO 14001, outras ferramentas podem ser empregadas nos processos de LR, como a ACVP, que avalia os impactos ambientais ao longo do sistema de produção (ciclo de vida) de um determinado bem.

Por fim, destacamos outras duas ferramentas, que, na verdade, são mais relacionadas às atividades práticas: a P+L e a economia circular. A primeira visa minimizar ao máximo os impactos ambientais causados por um determinado produto ou serviço, e a segunda visa reinserir na cadeia produtiva produtos que outrora seriam descartados.

Questões para revisão

1. Assinale a opção que melhor descreve o conceito de GSCM:
   a. O GSCM pode ser compreendido como a inserção da vertente ambiental na cadeia de suprimentos, e isso inclui a idealização do produto, a busca e a seleção das matérias-primas, seus processos de fabricação, a melhor forma de entrega do produto final aos consumidores e o gerenciamento do produto mesmo após o fim de seu ciclo de vida.
   b. O GSCM é compreendido como uma trajetória linear, que abrange as atividades relacionadas ao fluxo e à transformação de produtos, desde a busca de suas matérias-primas até o usuário final, sem preocupações com o meio ambiente.
   c. O GSCM é o gerenciamento estratégico dos principais processos de negócios por um determinado negócio, visando à sua melhoria contínuo e promovendo o aumento de sua competitividade e de seu desempenho, independentemente de fatores ambientais.
   d. O GSCM é um processo que se desenvolve ao longo da cadeia de abastecimento com graves impactos no ambiente, como o desperdício de recursos naturais e a emissão de gases nocivos.

2. Assinale a alternativa que melhor descreve o conceito de CVP:
   a. O conceito de CVP está atrelado aos processos que vão desde a concepção do produto (desenvolvimento e *design*, por exemplo), passando por lançamento e vendas, até o fim de sua vida útil – tudo isso em um determinado espaço de tempo.
   b. O CVP é o conjunto de produtos específicos para melhorar significativamente sua circularidade, seu desempenho energético e outros aspectos de sustentabilidade ambiental.
   c. CVP são produtos que atendem a padrões rígidos de fabricação, embalagem, entrega, uso e descarte adequados.
   d. CVP se refere ao desempenho quantificado de um sistema de produto para uso como uma unidade de referência num estudo de avaliação do ciclo de vida.

3. Assinale a alternativa que **não** apresenta um princípio da economia circular:

   a. Compra e venda de rejeitos perigosos.
   b. Eliminação de resíduos e poluição.
   c. Manutenção de produtos e materiais nos ciclos de produção.
   d. Regeneração dos sistemas naturais.

4. No mercado competitivo de hoje, os clientes, a comunidade e os órgãos reguladores estão cada vez mais exigindo que as organizações demonstrem um compromisso com o meio ambiente, a prevenção da poluição e a promoção da sustentabilidade ambiental. Para atenderem a esses requisitos, mais organizações estão optando por obter seus certificados ambientais para demonstrar seu compromisso com o cuidado com o meio ambiente. Considerando esse contexto, indique qual é o principal objetivo da norma ISO 14001.

5. Descreva, sucintamente, o conceito de P+L.

Questões para reflexão

1. Se você tivesse uma pequena empresa (estamparia de camisetas, por exemplo) e quisesse implementar um processo de P+L, de que modo você começaria? Como faria todo o processo para deixar seu negócio "mais limpo" em termos ambientais?

2. Considerando as diretrizes da norma ISO 14040, quais passos você e sua equipe seguiriam para fazer a análise do ciclo de vida dos produtos que são comercializados nessa mesma empresa?

Logística reversa e as perspectivas futuras

Conteúdos do capítulo

- Os principais desafios e benefícios da logística reversa aplicada ao e-commerce.
- O mercado internacional do e-commerce.
- Casos de sucesso.

Após o estudo deste capítulo, você será capaz de:
1. compreender os principais desafios e benefícios da logística reversa aplicada ao e-commerce;
2. analisar o panorama mundial do e-commerce em relação às empresas que mais se destacam;
3. avaliar as diferentes estratégias de duas empresas líderes no mercado do e-commerce.

capítulo 6

A logística reversa (LR) tem sido um desafio crescente para os centros de distribuição nos últimos anos, em virtude do rápido crescimento do comércio eletrônico. E agora, em razão da pandemia de Covid-19 (2020-2021) – mesmo após seu término –, com esse crescimento também podemos esperar muitas devoluções. Nesse sentido, as empresas precisam estar preparadas para lidar com a LR hoje e no futuro.

Os processos logísticos de devoluções custam ao setor de varejo alguns trilhões de dólares por ano se forem somados os custos de envio, armazenamento, substituições e outros. Não oferecer frete ou devoluções grátis poderia ser uma opção, porém é algo que faz diferença para o cliente. Por exemplo, uma pesquisa da FedEx – grande companhia do ramo logístico – revelou que 34% dos consumidores apontaram a falta de devolução gratuita como uma das principais razões para não finalizarem uma compra *online* (NCR, 2021).

Outros desafios importantes para a LR incluem a depreciação do valor do produto e a sensibilidade ao tempo/depreciação. Como a taxa de devolução cresce aproximadamente

10% ao ano, uma quantidade maior de mercadorias no estoque está sujeita à depreciação.

Assim, neste último capítulo, buscaremos identificar os principais desafios da LR nos próximos anos e a forma como eles podem ser minimamente solucionados. Além disso, apresentaremos dois estudos de casos de empresas fortes no ramo do e-commerce, enfocando como introduziram processos de LR em seus negócios.

6.1 Os desafios da logística reversa no e-commerce

Para além dos desafios que o próprio e-commerce apresenta, a LR se tornou um aspecto fundamental a ser observado.

Embora as empresas de comércio eletrônico não paguem aluguel por um espaço de varejo (uma loja física, por exemplo), elas têm os custos de estoque e envio a serem considerados. Obviamente, o preço do produto é um componente crucial para o sucesso, já que o empreendedor quer ser competitivo, mas também quer ter lucro.

Ao determinar o preço do produto e os custos de envio, o empreendedor deve pensar em quatro aspectos:

1. custos de fabricação do produto;
2. custos de armazenamento de estoque;
3. custo para enviar itens e parâmetros de envio que é possível oferecer;
4. número de devoluções de produtos, em média.

Existe uma linha tênue entre oferecer preços competitivos e garantir que a empresa tenha lucro. Nesse sentido, há a necessidade de ajuste contínuo de preços para atender às expectativas do cliente, enquanto se lucra com as vendas.

Em geral, os compradores *online* são mais cautelosos em relação às políticas de devolução ou reembolso. Quando as empresas de comércio eletrônico não oferecem devoluções ou reembolsos, os consumidores podem hesitar em fazer o pedido.

Uma política simples de devolução e reembolso é crucial para aumentar as vendas. Nesse aspecto, é importante:

- criar uma política de devolução ou reembolso facilmente compreensível, sem muitas exceções;
- decidir como lidar com os custos de envio de devolução;
- ser tolerante na devolução de itens danificados, errados ou que não funcionam;
- certificar-se de que a política de devolução não reduzirá muito a receita.

Assim, a LR deve evoluir para atender às expectativas do cliente. No entanto, tais expectativas mudam continuamente. O que um cliente quer atualmente em relação à devolução de produtos? Quer um processo de devolução rápido, descomplicado, gratuito e, se possível, ilimitado.

A automação dos processos representa uma das maiores vantagens e tendências da LR para os próximos anos. A automação pode ser aproveitada para direcionar as solicitações de devolução dos clientes, gerar materiais de embalagem e rotulagem, evitar atrasos na devolução de produtos em lojas físicas, dar aos clientes a opção de devolver pedidos pelo correio e muito mais. As empresas podem aproveitar a automação do processo de robótica para auditar com eficácia todos os processos e conectar-se com os clientes após o início da devolução ou para cumprir uma devolução.

Outra tendência importante é a rastreabilidade no âmbito da LR. Tendo em vista que as organizações em todo o mundo procuram maneiras de implantar mais recursos de rastreamento, a rastreabilidade se tornará uma das principais vantagens da LR. Com a rastreabilidade, é possível reduzir o risco de fraude e as incertezas no mercado quanto ao fornecimento de matérias-primas.

As tendências de planejamento inteligente em LR também envolvem a inclusão da internet das coisas (*internet of things* – IoT), análises inteligentes, automação de processos de robótica, inteligência artificial, aprendizado de máquina e métricas para permitir um melhor planejamento da LR.

Como a LR depende muito das informações fornecidas pelos consumidores, o planejamento inteligente deve envolver os clientes e gerar dados em cada etapa do processo. Em outras palavras, as organizações que aproveitarem as informações fornecidas pelos clientes, bem como as compras recentes e os hábitos de compra deles, poderão reduzir a taxa de devoluções e evitar devoluções fraudulentas.

Dessa maneira, podemos aceitar que a LR enfrenta vários desafios, observando que o desafio global final é satisfazer as metas da empresa e, ao mesmo tempo, alcançar importantes benefícios socioambientais. Vimos que o primeiro desafio se refere ao aumento da competitividade por parte da empresa. Por meio de um melhor desenho e gerenciamento de seus processos de LR, uma empresa deve alcançar economias substanciais.

O segundo desafio diz respeito ao aspecto ambiental. Medições precisas mostram que há um aumento contínuo na quantidade de gás carbônico (CO_2) atmosférico. Apesar da controvérsia científica sobre os efeitos exatos que o CO_2 tem no aumento das temperaturas em todo o mundo, um aumento de CO_2 em nossa atmosfera tem consequências potencialmente negativas na forma de acidificação do ar e dos oceanos. Nesse sentido, melhorando-se os processos de LR, reciclagem e remanufatura, com o uso de menos energia e menos matérias-primas, é possível reduzir consideravelmente essas consequências.

Na última década, as comunidades empresarial e acadêmica passaram a se interessar cada vez mais por sistemas de LR. O crescente interesse nesse ramo está associado principalmente à concorrência, ao *marketing*, à economia, e a fatores ambientais e legislativos. Nessa lógica, muitos fabricantes adotam práticas de gestão de LR com o objetivo de melhorar o desempenho financeiro e ambiental de suas empresas, de modo a reduzir custos, melhorar o perfil de suas empresas, gerar uma vantagem competitiva, ter menos impactos ambientais e otimizar a qualidade ambiental de sua produção.

6.2 Benefícios da logística reversa para o e-commerce

Ao longo deste livro, você já deve ter notado que a LR, se bem implementada, traz inúmeros benefícios ao empreendedor, seja do setor presencial, seja do e-commerce. Ela é fundamental para que as empresas possam reter clientes e torná-los fiéis à sua marca.

Uma das formas de retenção – que já abordamos bastante neste livro – é oferecer um processo rápido, seguro e sem custos para a devolução de produtos. Embora muitas pessoas estejam acostumadas a fazer compras *online*, elas tendem a ser mais hesitantes ao fazê-las em um varejista *online* com o qual não tenham feito uma transação antes. Assim, anunciar um processo simples de devolução pode encorajar os compradores de primeira viagem a dar uma chance à marca (Aps Fulfillment, 2017).

O empreendedor deve garantir que cada cliente receba o melhor serviço e tenha uma ótima experiência ao lidar com sua empresa. A LR desempenha um papel importante nessa questão, ou seja, se o cliente tiver dificuldade em processar uma devolução, será mais provável que ele não faça mais negócios com a empresa e busque um dos concorrentes.

Pesquisas mostram que, ao realizarem uma devolução, 45% dos clientes costumam fazer mais uma compra no *site*, e esse índice aumenta ainda mais quando o empreendedor oferece algum tipo de vantagem nessa segunda compra. Estima-se que 67% dos compradores *online* verificam a política de devolução da loja antes de comprar e 92% comprarão novamente se a devolução for fácil (Narvar, 2020).

Outro ponto relevante é a elaboração de uma política de devolução, devendo-se sempre observar que esse processo deve ser fácil para o cliente. É importante evitar complicadores. Por outro lado, esse processo não pode ser tão fácil a ponto de aumentar significativamente o número de devoluções.

Atrelada a tudo isso está a questão da responsabilidade socioambiental corporativa, que pode ser vinculada à imagem da empresa e está por trás da escolha do consumidor. Um estudo conduzido pela IBM em parceria com a National Retail Federation (NRF) revelou que, entre os 19 mil entrevistados de várias partes do mundo, incluindo o Brasil, ao tomarem decisões de compra, os clientes "estão priorizando empresas que são sustentáveis, transparentes e alinhadas com seus principais valores" (Xavier, 2020). Nesse caso, o preço não é o problema, pois eles "estão dispostos a pagar mais e até mudar seus hábitos de consumo, pelas marcas que acertam nisso" (Xavier, 2020).

6.3 Mercado internacional da logística reversa

O mercado de e-commerce continua a crescer, à medida que mais consumidores preferem a conveniência de comprar produtos *online*. Diversas empresas, grandes e pequenas, adotaram as vantagens de combinar localizações físicas e lojas suplementares baseadas na internet para atender às necessidades da grande maioria dos consumidores.

No entanto, alguns gigantes do comércio eletrônico, como Amazon e Alibaba, tornaram-se participantes notáveis no mercado operando apenas por meio de uma presença *online*. Embora a Amazon e o Alibaba tenham características distintas que os qualificam como empresas puramente de comércio eletrônico, os respectivos modelos de negócios são muito diferentes. A Amazon é um grande varejista de produtos novos e usados, e o Alibaba opera como um intermediário entre compradores e vendedores. Vamos tratar mais especificamente dessas duas empresas ao final deste capítulo.

De acordo com o relatório anual Kantar BrandZ (Kantar, 2021), das 75 marcas globais de varejo mais valiosas, a Amazon é de longe a maior do mundo. Com um valor de marca de US$ 684 bilhões, a Amazon representa quase um quarto do valor combinado das 75 principais marcas, superando o segundo colocado, o Alibaba, em quase US$ 200 bilhões. Tendo entrado no *ranking* pela primeira vez em 2006, o valor da marca Amazon cresceu quase US$ 268 bilhões em 2021.

Figura 6.1 – Valor estimado das marcas de varejo mais valiosas do mundo – 2019

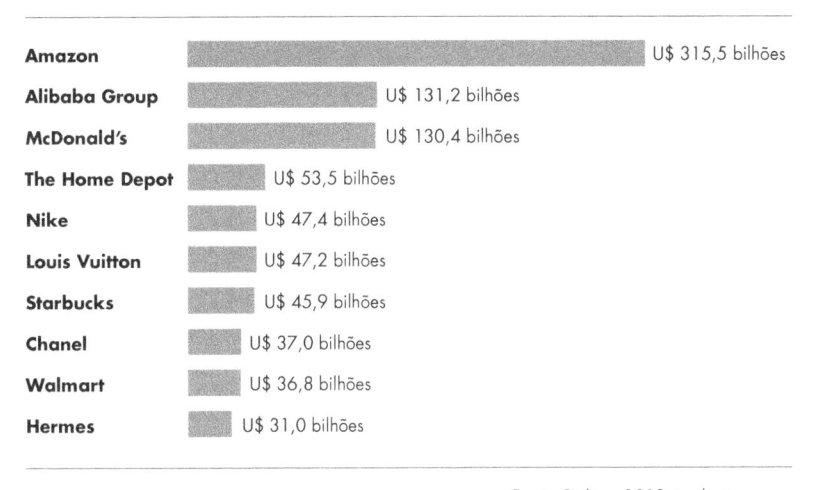

Amazon	U$ 315,5 bilhões
Alibaba Group	U$ 131,2 bilhões
McDonald's	U$ 130,4 bilhões
The Home Depot	U$ 53,5 bilhões
Nike	U$ 47,4 bilhões
Louis Vuitton	U$ 47,2 bilhões
Starbucks	U$ 45,9 bilhões
Chanel	U$ 37,0 bilhões
Walmart	U$ 36,8 bilhões
Hermes	U$ 31,0 bilhões

Fonte: Richter, 2019, tradução nossa.

Embora os valores de marca da Amazon ultrapassem os valores do Alibaba, o segundo merece destaque em relação aos valores de transação nos últimos anos.

De acordo com uma pesquisa realizada pela Emarketer (2020), as empresas na China continuam a liderar em termos de transações *online*. As empresas chinesas estão se destacando no cenário do comércio eletrônico por uma série de razões. Por um lado, ainda que elas façam a maior parte de seus negócios em um mercado isolado e protegido, esse mercado é enorme e hipercompetitivo e exige inovação constante (Figura 6.2).

Figura 6.2 – As cinco principais empresas na China e nos EUA, classificadas por vendas de comércio eletrônico de varejo – 2020

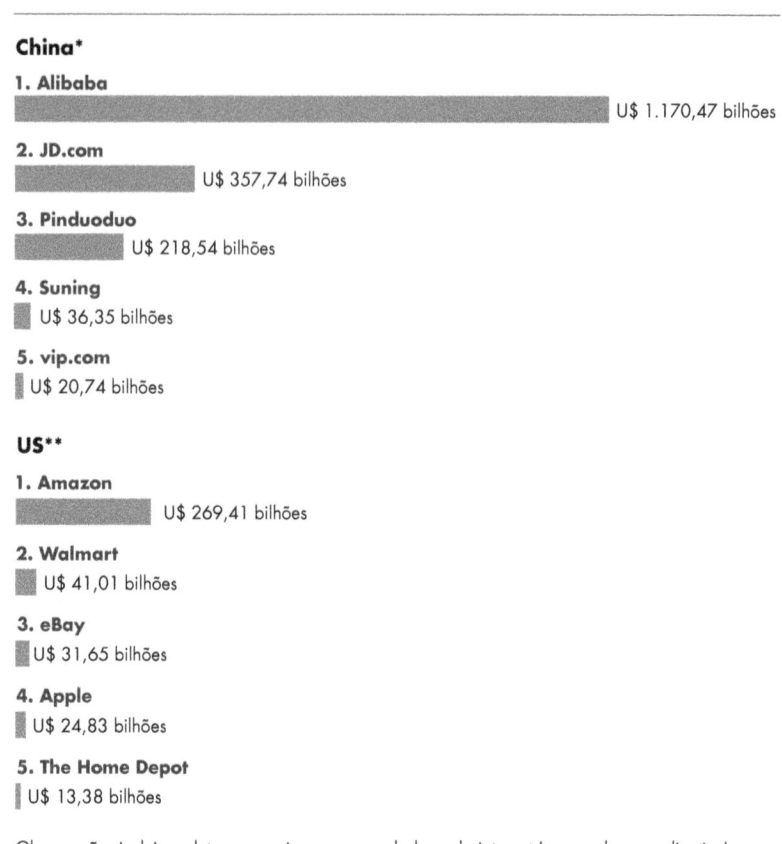

China*

1. Alibaba
U$ 1.170,47 bilhões

2. JD.com
U$ 357,74 bilhões

3. Pinduoduo
U$ 218,54 bilhões

4. Suning
U$ 36,35 bilhões

5. vip.com
U$ 20,74 bilhões

US**

1. Amazon
U$ 269,41 bilhões

2. Walmart
U$ 41,01 bilhões

3. eBay
U$ 31,65 bilhões

4. Apple
U$ 24,83 bilhões

5. The Home Depot
U$ 13,38 bilhões

Observação: inclui produtos ou serviços encomendados pela internet (navegador ou aplicativo) por meio de qualquer dispositivo, independentemente do método de pagamento ou atendimento; exclui passagens e ingressos para eventos; vendas apenas no país; *exceto Hong Kong; **valor bruto.

Fonte: Emarketer, 2020, tradução nossa.

As empresas do país investem quantias consideráveis para que os consumidores da região consumam produtos do comércio eletrônico. É sempre bom lembrar que estamos falando de uma população estimada em 1.402 bilhão de habitantes (Emarketer, 2020) e, portanto, de um mercado altamente rentável. Essa verdade é representada em números: em 2020, o mercado de compras digitais na China correspondeu a 38% do PIB

(Produto Inteno Bruto) do país, e quase um quarto das vendas de produtos ocorreu *online* – esse valor supera os números de Europa e Estados Unidos da América (EUA), juntos (Emarketer, 2020).

Atualmente, a China tem o maior número de compradores *online* do mundo – um valor estimado em 780 milhões de pessoas. Acredita-se que cerca de 88,3% dos usuários da internet na China realizarão algum tipo de compra *online* nos próximos anos (Emarketer, 2020).

Vale ressaltar que as vendas no varejo de e-commerce da China tiveram forte crescimento em meio à pandemia de coronavírus. Em 2021, o valor das vendas de comércio eletrônico no país totalizou aproximadamente US$ 2,49 trilhões, representando um crescimento anual de 15%. As previsões indicam que as vendas no varejo *online* na China ultrapassarão US$ 3,6 trilhões até 2025 (Emarketer, 2020).

Estudo de caso

Desde a década de 1990, a gigante do varejo Amazon, do multimilionário Jeff Bezos, tem sido vanguarda nas mudanças nos processos logísticos (diretos e reversos) no e-commerce. Inicialmente, a loja vendia somente livros, mas ampliou seus negócios para quase todos os tipos de produtos.

Utilizando inovação e tecnologia, a Amazon visa sempre proporcionar a melhor experiência possível ao cliente e é justamente a logística um dos pilares desse negócio. Para termos uma ideia desse vanguardismo, a empresa tem um programa – patenteado, chamado Entrega Antecipada (Antecipatory Shipping) – em que o produto sai para a entrega antes mesmo de o cliente ter fechado o negócio. Por meio de inteligência artificial, que se baseia nos hábitos de compras de seus clientes, a organização consegue prever com certa antecedência se o consumidor vai comprar determinado produto ou não (Spiegel et al., 2013). Fantástico!

Especificamente nos EUA, a partir do ano de 2017, a rede de lojas Kohl's e a Amazon anunciaram uma parceria – Amazon Returns – que tornou a devolução de itens comprados na Amazon mais conveniente. Nessa parceria, o cliente poderia retirar e devolver produtos comprados pelo *site*. Ainda, nesse caso, ambas saíram ganhando pois, após o estabelecimento dessa parceria, a rede de lojas verificou um aumento nas vendas (Amazon, 2021). Esse modelo já parece comum no Brasil, porém apenas em lojas da mesma marca.

É importante destacar que a Amazon, além de investir em tecnologia e inovação, aposta em qualidade, principalmente qualidade das embalagens. Além disso, ela tem a própria frota de transporte, como aviões, navios e caminhões. A Amazon também oferece um serviço de vendas de produtos de outros lojistas (parceiros) (Amazon, 2021).

Um dos grandes segredos da companhia é a excelência em gestão de seus locais de armazenamento dos produtos, os quais são gerenciados pelo uso de tecnologia de ponta: automação, inteligência artificial, IoT e robótica. Os próprios centros logísticos da Amazon servem para esse fim, mas também como laboratório de testes e implantação de novas tecnologias, como o uso de robôs que se movimentam por todo o espaço para rastrear os códigos de barras em vários produtos, caixas e prateleiras. E como os robôs não se chocam com os colaboradores que circulam por ali? Os robôs são equipados com sensores especiais que os ajudam a evitar os humanos, os quais usam coletes especiais equipados com tecnologia que pode ser detectada por eles. Isso evita acidentes no local de trabalho.

O lema de Jeff Bezos é: "Se você deixar clientes insatisfeitos no mundo físico, cada um deles poderá contar para 6 amigos. Se você deixar clientes insatisfeitos na internet, cada um deles poderá contar para 6.000 amigos" (Lake, 2013, tradução nossa).

Para saber mais

Quer entender melhor como essa interação entre robôs e humanos funciona nos centros logísticos da Amazon? Acesse o *link* indicado a seguir:

CONHEÇA os robôs da Amazon nos EUA. 22 abr. 2017. Disponível em: <https://www.youtube.com/watch?v=F5xYU1NfL70>. Acesso em: 14 maio 2023.

Estudo de caso

Alibaba Group é um dos maiores e mais conhecidos conjuntos de empresas chinesas que operam no comércio eletrônico do tipo B2B (*business-to-business*) e C2C (*consumer-to-consumer*). Assim, como líder de mercado eletrônico na China, o Alibaba oferece uma plataforma para conectar fornecedores e compradores (pequenos e médios) não somente na China, mas em todo o mundo. Seus três *sites* principais são Taobao, Tmall e Alibaba.com. Eles têm milhões de usuários e hospedam milhões de comerciantes e empresas.

Entre as marcas que operam no grupo está uma que é bastante conhecida no Brasil, a Ali Express, considerada a maior empresa de comércio *online* da China.

O modelo de negócios do Alibaba é bastante parecido com o do eBay, já que atua como um intermediário entre compradores e vendedores *online*, facilitando a compra e a venda de mercadorias por meio de sua extensa rede de *sites*.

Ainda, cabe destacar que aproximadamente 85% das mercadorias compradas nas plataformas de comércio eletrônico do Alibaba são elegíveis para devolução no prazo de sete dias (bens não retornáveis incluem alimentos e produtos/suplementos de saúde) (Post & Parcel, 2020). Dessa forma, é bastante importante o fortalecimento desse setor na empresa. Assim, existem planos para lançar um canal de LR direta com a China e outros países vizinhos, de modo a facilitar o fluxo das devoluções.

Atualmente, o canal de LR da companhia é simplificado e compreende dezenas de locais de entrega em Hong Kong, além de um sistema digital para desembaraço aduaneiro. Todo o processo de devolução pode ser monitorado em tempo real pelos clientes por meio de aplicativos.

Nesse sentido, o fluxo de mercadorias da companhia ainda é o principal gargalo em seus modelos de negócios, visto que o setor de comércio eletrônico como um todo carece de um canal de LR estável e econômico para atender às necessidades dos comerciantes e dos clientes.

Para saber mais

Para aprofundar o estudo sobre o assunto, indicamos o vídeo que traz o debate *A internet das coisas no futuro do e-commerce*:

E-COMMERCE BRASIL. **Especial 20 anos de e-commerce**: A internet das coisas no futuro do e-commerce. 15 ago. 2016. Disponível em: <https://bit.ly/2RpIB8I>. Acesso em: 14 maio 2023.

Síntese

A LR traz inúmeros desafios para aqueles que pretendem empreender no comércio eletrônico. Compreender o mecanismo de funcionamento desse processo é fundamental para o sucesso.

No entanto, apesar das dificuldades, a LR traz inúmeros benefícios para aqueles que a aplicam em seus negócios, pois sabemos que os (novos) clientes estão realmente preocupados com a sustentabilidade dos produtos que adquirem.

Conhecer "o caminho das pedras" não é tarefa fácil, por isso é importante observar aqueles que já fizeram o caminho e obtiveram sucesso. Esse é o caso das empresas Alibaba e Amazon, duas gigantes do ramo do e-commerce.

O "novo normal" traz consigo uma nova configuração de trabalho, casa, lazer – em muitos casos, tudo isso em um mesmo lugar – e essa configuração também afetará o comércio eletrônico e suas transações.

Isso quer dizer que o futuro do comércio eletrônico será impulsionado pelo aumento da conveniência para os comerciantes e seus compradores, fornecendo experiências de compra ricas e atraentes e possibilitando experiências em todos os canais de maneira consistente e amigável ao cliente. Nesse contexto, a LR deverá ser uma ferramenta-chave para o sucesso.

Questões para revisão

1. Analise as informações a seguir:

    I. A automação dos processos representa uma das maiores vantagens e tendências da LR para os próximos anos.

    II. A rastreabilidade do produto se tornará uma das principais vantagens da LR.

    III. As organizações que aproveitarem as informações fornecidas pelos clientes, bem como as compras recentes e os hábitos de compra deles, poderão reduzir a taxa de devoluções e evitar devoluções fraudulentas.

    Agora, assinale a opção correta:

    a. Apenas uma alternativa é verdadeira.
    b. Duas alternativas são verdadeiras.
    c. Todas as alternativas são verdadeiras.
    d. Nenhuma alternativa é verdadeira.

2. As tendências de planejamento inteligente em LR também envolverão os seguintes aspectos, **exceto**:

    a. internet das coisas.
    b. análises inteligentes.
    c. automação de processos de robótica.
    d. produtos sem certificações.

3. Entrega Antecipada (Antecipatory Shipping) é um serviço patenteado de qual grande empresa do e-commerce?

    a. Alibaba.
    b. Mercado Livre.
    c. OLX.
    d. Amazon.

4. Ao determinar o preço do produto e os custos de envio, o empreendedor deve pensar em quatro aspectos. Cite ao menos dois desses aspectos.

5. Uma política simples de devolução e reembolso é crucial para aumentar as vendas. Ao desenvolver uma política desse aspecto, quais características o empregador deve verificar?

Questões para reflexão

1. Vimos que o mercado internacional da LR é bastante produtivo, sobretudo em relação ao e-commerce. No Brasil, quais as principais empresas que dominam esse mercado? Faça uma pesquisa sobre isso.

2. O estudo da IBM citado neste capítulo (Xavier, 2020) mostrou que os clientes estão cada vez mais preocupados com a sustentabilidade dos produtos que adquirem. Você se preocupa com suas escolhas em relação à sustentabilidade? Se sim, quais são essas ações?

considerações finais

Um meio ambiente mais limpo e sustentável está se tornando prioridade para proprietários e *stakeholders* envolvidos nos negócios. Mediante a adoção de melhores práticas sustentáveis, como redução de resíduos por meio de processos de reciclagem, recuperação e remanufatura – o que ajuda a minimizar os custos e as perdas ambientais –, isso tem sido alcançado de maneira bastante inicial.

Com o aumento nas transações do mercado de comércio eletrônico, existe a necessidade de um projeto de logística reversa (LR) mais eficiente, sustentável e confiável, incluindo custos, fatores ambientais e sociais.

Uma das principais ferramentas que deve ser empregada nesse setor é a LR. Segundo Rogers et al. (2002), a LR envolve planejamento, implementação e controle do fluxo eficiente e economicamente viável de matérias-primas, estoque em processo, produtos acabados e informações associadas, desde o ponto de consumo até o ponto de origem. Esse processo tem como objetivo a recuperação de valor ou o descarte adequado, visando à coleta e ao tratamento adequados de resíduos.

Quando se trata de e-commerce, a ênfase adicional é no gerenciamento de devoluções (LR de pós-venda), definido como o processo pelo qual as atividades associadas a devoluções são gerenciadas dentro da empresa e entre os membros-chave da cadeia de suprimentos (Rogers et al., 2002). A gestão de devoluções, se conduzida de forma eficiente e harmoniosa, pode fazer a diferença nas empresas, além de ajudar a manter a fidelidade do cliente.

A demanda desencadeada pela pandemia de Covid-19 (2020-2021) resultou em um crescimento de 45% para o comércio eletrônico no segundo trimestre do ano de 2020, o que corresponde a mais de 16% do total das vendas no varejo (Alvarenga, 2021).

Esses números são altamente significativos, visto que, durante anos, as vendas de e-commerce giraram em torno de apenas 10% das vendas globais no varejo, enquanto as compras em lojas físicas continuaram sendo o principal método de compra dos consumidores.

Como o mundo estava restrito às suas casas e muitas lojas físicas fechavam suas portas em 2020, os consumidores passaram a olhar para o comércio eletrônico como seu principal método de compra.

Mas, para todo bônus, há um ônus. Esse aumento nas vendas foi algo extremamente positivo para os varejistas, porém muitos não estavam preparados para a enorme demanda, tanto de entrega (logística direta) quanto de devoluções (LR).

Embora as devoluções sempre tenham sido parte integrante do e-commerce, seu fluxo de trabalho de logística não era levado muito a sério pelos empreendedores.

Mesmo que a LR seja uma atividade difícil e complexa, ela não pode ser esquecida, uma vez que a ineficiência desse setor pode custar, em média, 20% a 30% de prejuízo ao ano para a empresa. Agindo agora e implementando processos logísticos estratégicos específicos para devoluções, o empreendedor pode minimizar erros e maximizar a eficiência – e os resultados financeiros.

Em uma perspectiva de logística, seja direta, seja reversa, o gerenciamento de devoluções requer a capacidade de sincronizar os níveis de estoque em todos os depósitos e plataformas de vendedor. Esse gerenciamento eficaz de devoluções no comércio eletrônico requer o uso de tecnologia, sincronização em tempo real de estoques e gerenciamento de pedidos e a capacidade de identificar quando uma devolução foi recebida em um depósito e/ou quando um pedido de reposição foi enviado.

É importante ressaltar que a tecnologia desempenha um importante papel na cadeia logística, principalmente no que diz respeito ao atendimento *omnichannel* e à LR. A parceria com fornecedores de serviços de logística terceirizados (logística de terceira parte) pode ser uma solução eficiente para a implantação da LR em um negócio.

Ao longo dos anos, o comércio eletrônico cresceu rapidamente e transformou o mundo do varejo. Isso foi potencializado ainda mais após a pandemia do novo coronavírus (2020-2021), que obrigou a população a ficar em casa, e as compras *online* se tornaram a melhor opção (e mais segura também), como mencionamos anteriormente.

Mas, com tantas novas tecnologias e avanços no setor, o próprio e-commerce passou por grandes transformações. E, com certeza, isso é apenas o começo.

Os avanços tecnológicos e de infraestrutura persistentes indicam que o futuro do comércio eletrônico será ainda escalonável. Para enfrentar os desafios das mudanças no e-commerce, é preciso estar atualizado, sobretudo em relação aos serviços de LR, bem como a todas as diretrizes legais para que ela ocorra.

Esperamos que este livro possa ter contribuído para deixar você, leitor, atualizado acerca das diferentes ferramentas que podem colaborar para que as empresas tenham sucesso nesse mercado tão competitivo.

referências

ABIPLAST – Associação Brasileira da Indústria do Plástico. **Índice de reciclagem está em torno de 26% do total de embalagens produzidas no Brasil**. 21 ago. 2018. Disponível em: <http://www.abiplast.org.br/sala-de-imprensa/indice-de-reciclagem-esta-em-torno-de-26-do-total-de-embalagens-produzidas-no-brasil>. Acesso em: 10 maio 2023.

ABNT – Associação Brasileira de Normas Técnicas. **NBR ISO 14001**: Sistema de gestão ambiental: requisitos com orientação para uso. Rio de Janeiro, 2015.

ABNT – Associação Brasileira de Normas Técnicas. **NBR ISO 14040**: Gestão ambiental: avaliação do ciclo de vida – princípios e estrutura. Rio de Janeiro, 2009.

ABOL – Associação Brasileira de Operadores Logísticos. **Operador logístico**. Disponível em: <https://abolbrasil.org.br/operador-logistico>. Acesso em: 10 maio 2023.

ABRALOG – Associação Brasileira de Logística. **O que é logística reversa no e-commerce**. 22 fev. 2020. Disponível em: <https://www.abralog.com.br/noticias/o-que-e-logistica-reversa-no-e-commerce>. Acesso em: 10 maio 2023.

ABRELPE – Associação Brasileira de Empresas de Limpeza Pública e Resíduos Especiais. **Panorama 2020**. 2020. Disponível em: <https://abrelpe.org.br/panorama-2020>. Acesso em: 10 maio 2023.

AGRAWAL, S.; SINGH, R. K.; MURTAZA, Q. A Literature Review and Perspectives in Reverse Logistics. **Resources, Conservation and Recycling**, v. 97, p. 76-92, 2015.

ALEXANDER, F.; JOHNSTON, C. Next Best Practices: Returns Management. **RLA – Reverse Logistic Association**, 2022. Disponível em: <https://www.rla.org/media/article/view?id=1480>. Acesso em: 10 maio 2023.

ALLIED MARKET RESEARCH. **Reverse Logistics Market**: by Return Type (Recalls, Commercial & B2B Returns, Repairable Returns, End of Use Returns and End of Life Returns), End User (E-Commerce, Automotive, Pharmaceutical, Consumer Electronic, Retail, Luxury Goods, and Reusable Packaging), and Service (Transportation, Warehousing, Reselling, Replacement Management, Refund Management Authorization, and Others) – Global Opportunity Analysis and Industry Forecast, 2021-2028. 2021. Disponível em: <https://www.alliedmarketresearch.com/request-sample/5191>. Acesso em: 3 abr. 2022.

ALVARENGA, D. Com pandemia, comércio eletrônico tem salto em 2020 e dobra participação no varejo brasileiro. **G1**, 26 fev. 2021. Disponível em: <https://g1.globo.com/economia/noticia/2021/02/26/com-pandemia-comercio-eletronico-tem-salto-em-2020-e-dobra-participacao-no-varejo-brasileiro.ghtml>. Acesso em: 3 dez. 2023.

AMAZON. **How to Start Selling on Amazon**. Disponível em: <https://sell.amazon.com/sell.html?ref_=sdus_soa_hp_sell>. Acesso em: 14 maio 2021.

AMAZON. **O que é a tecnologia blockchain?** Disponível em: <https://aws.amazon.com/pt/what-is/blockchain/?aws-products-all.sort-by=item.additionalFields.productNameLowercase&aws-products-all.sort-order=asc>. Acesso em: 30 nov 2023.

APS FULFILLMENT. **What Is Reverse Logistics and Why Is It Important in e--Commerce?** 2017. Disponível em: <https://www.apsfulfillment.com/e-commerce-fulfillment/what-is-reverse-logistics-and-why-is-it-important-in-e-commerce>. Acesso em: 14 maio 2023.

ASL-NAJAFI, J. et al. A Dynamic Closed-Loop Location-Inventory Problem under Disruption Risk. **Computers and Industrial Engineering**, v. 90, p. 414-428, 2015.

BAAH, C.; JIN, Z.; TANG, L. Organizational and Regulatory Stakeholder Pressures Friends or Foes to Green Logistics Practices and Financial Performance: Investigating Corporate Reputation as a Missing Link. **Journal of Cleaner Production**, v. 247, 2020. Disponível em: <https://www.sciencedirect.com/science/article/abs/pii/S0959652619339952?via%3Dihub>. Acesso em: 10 dez. 2023.

BALDÉ, C. P. et al. **The Global E-waste Monitor 2017**: Quantity, Flows and Resources. Bonn: United Nations University (UNU); Geneva: International Telecommunication Union (ITU); Vienna: International Solid Waste Association (ISWA), 2017. Disponível em: <https://collections.unu.edu/eserv/UNU:6341/Global-E-waste_Monitor_2017__electronic_single_pages_.pdf>. Acesso em: 10 dez. 2023.

BALLOU, R. H. **Gerenciamento da cadeia de suprimentos/logística empresarial**. 5. ed. Porto Alegre: Bookman, 2006.

BATISTA, M. V. F.; MARTINS, E. F. Identificação e avaliação dos canais logísticos reversos: um estudo sobre a revalorização de garrafas pet. In: ENCONTRO NACIONAL DE ENGENHARIA DE PRODUÇÃO, 29., 2009, Salvador. **Anais**... Salvador, 2009. Disponível em: <https://abepro.org.br/biblioteca/enegep2009_tn_sto_091_617_12818.pdf>. Acesso em: 10 dez. 2023.

BLUNDEN, J.; BOYER, T. (Ed.). State of the Climate in 2020. **Bulletin of American Meteorological Society**, v. 102, n. 8, 2021. Disponível em: <https://doi.org/10.1175/2021BAMSStateoftheClimate.1>. Acesso em: 10 dez. 2023.

BOWERSOX, D. J.; CLOSS, D. J. **Logística empresarial**: o processo de integração da cadeia de suprimento. São Paulo: Atlas, 2001.

BRASIL. Conselho Nacional do Meio Ambiente. Resolução n. 1, de 23 de janeiro de 1986. **Diário Oficial da União**, Brasília, DF, 17 fev. 1986. Disponível em: <http://www.siam.mg.gov.br/sla/download.pdf?idNorma=8902>. Acesso em: 10 set. 2023.

BRASIL. Conselho Nacional do Meio Ambiente. Resolução n. 362, de 23 de junho de 2005. **Diário Oficial da União**, Brasília, DF, 27 jun. 2005. Disponível em: <http://conama.mma.gov.br/?option=com_sisconama&task=arquivo.download&id=457>. Acesso em: 10 set. 2023.

BRASIL. Conselho Nacional do Meio Ambiente. Resolução n. 401, de 4 de novembro de 2008. **Diário Oficial da União**, Brasília, DF, 5 nov. 2008. Disponível em: <http://conama.mma.gov.br/?option=com_sisconama&task=arquivo.download&id=570>. Acesso em: 10 set. 2023.

BRASIL. Conselho Nacional do Meio Ambiente. Resolução n. 416, de 30 de setembro de 2009. **Diário Oficial da União**, Brasília, DF, 1º out. 2009. Disponível em: <https://conama.mma.gov.br/?option=com_sisconama&task=arquivo.download&id=597#:~:text=Disp%C3%B5e%20sobre%20a%20preven%C3%A7%C3%A3o%20%C3%A0,adequada%2C%20e%20d%C3%A1%20outras%20provid%C3%AAncias.>. Acesso em: 10 set. 2023.

BRASIL. Conselho Nacional do Meio Ambiente. Resolução n. 465, de 5 de dezembro de 2014. **Diário Oficial da União**, Brasília, DF, 8 dez. 2014a. Disponível em: <https://www.ibama.gov.br/component/legislacao/?view=legislacao&force=1&legislacao=134749>. Acesso em: 10 set. 2023.

BRASIL. Constituição (1988). **Diário Oficial da União**, Brasília, DF, 5 out. 1988. Disponível em: <http://www.planalto.gov.br/ccivil_03/Constituicao/Constituicao.htm>. Acesso em: 10 maio 2023.

BRASIL. Decreto n. 10.240, de 12 de fevereiro de 2020. **Diário Oficial da União**, Poder Executivo, Brasília, DF, 13 fev. 2020a. Disponível em: <https://www.planalto.gov.br/ccivil_03/_ato2019-2022/2020/decreto/d10240.htm>. Acesso em: 10 set. 2023.

BRASIL. Decreto n. 10.388, de 5 de junho de 2020. **Diário Oficial da União**, Poder Executivo, Brasília, DF, 5 jun. 2020b. Disponível em: <https://www.planalto.gov.br/ccivil_03/_ato2019-2022/2020/decreto/d10388.htm>. Acesso em: 10 set. 2023.

BRASIL. Decreto n. 4.074, de 4 de janeiro de 2002. **Diário Oficial da União**, Poder Executivo, Brasília, DF, 8 jan. 2002. Disponível em: <http://www.planalto.gov.br/ccivil_03/decreto/2002/d4074.htm>. Acesso em: 10 set. 2023.

BRASIL. Decreto n. 7.404, de 23 de dezembro de 2010. **Diário Oficial da União**, Poder Executivo, Brasília, DF, 23 dez. 2010a. Disponível em: <https://www.planalto.gov.br/ccivil_03/_ato2007-2010/2010/decreto/d7404.htm>. Acesso em: 10 set. 2023.

BRASIL. Decreto n. 9.177, de 23 de outubro de 2017. **Diário Oficial da União**, Poder Executivo, Brasília, DF, 24 out. 2017a. Disponível em: <https://www.planalto.gov.br/ccivil_03/_ato2015-2018/2017/decreto/D9177.htm>. Acesso em: 10 set. 2023.

BRASIL. Lei n. 12.305, de 2 de agosto de 2010. **Diário Oficial da União**, Poder Legislativo, Brasília, DF, 3 ago. 2010b. Disponível em: <https://www.planalto.gov.br/ccivil_03/_ato2007-2010/2010/lei/l12305.htm>. Acesso em: 10 set. 2023.

BRASIL. Lei n. 6.938, de 31 de agosto de 1981. **Diário Oficial da União**, Poder Legislativo, Brasília, DF, 2 set. 1981. Disponível em: <http://www.planalto.gov.br/ccivil_03/leis/l6938compilada.htm>. Acesso em: 10 set. 2023.

BRASIL. Lei n. 7.802, de 11 de julho de 1989. **Diário Oficial da União**, Poder Executivo, Brasília, DF, 12 jul. 1989. Disponível em: <https://www.planalto.gov.br/ccivil_03/leis/l7802.htm>. Acesso em: 10 set. 2023.

BRASIL. Lei n. 8.078, de 11 de setembro de 1990. **Diário Oficial da União**, Poder Legislativo, Brasília, DF, 12 set. 1990. Disponível em: <https://www.planalto.gov.br/ccivil_03/leis/l8078.htm>. Acesso em: 10 set. 2023.

BRASIL. Lei n. 9.974, 6 de junho de 2000. **Diário Oficial da União**, Poder Legislativo, Brasília, DF, 7 jun. 2000. Disponível em: <https://www.planalto.gov.br/ccivil_03/leis/l9974.htm>. Acesso em: 10 set. 2023.

BRASIL. Ministério da Infraestrutura. Agência Nacional de Transportes Terrestres. Resolução n. 5.848, de 25 de junho 2019. **Diário Oficial da União**, Brasília, DF, 26 jun. 2019. Disponível em: <https://anttlegis.antt.gov.br/action/ActionDatalegis.php?acao=detalharAto&tipo=RES&numeroAto=00005848&seqAto=000&valorAno=2019&orgao=DG/ANTT/MI&codTipo=&desItem=&desItemFim=&cod_menu=5408&cod_modulo=161>. Acesso em: 10 set. 2023.

BRASIL. Ministério da Infraestrutura. Agência Nacional de Transportes Terrestres. Resolução n. 5.232, de 16 de dezembro de 2016. **Diário Oficial da União**, Brasília, DF, 26 jun. 2016. Disponível em: <https://anttlegis.antt.gov.br/action/ActionDatalegis.php?acao=abrirTextoAto&link=S&tipo=RES&numeroAto=00005232&seqAto=000&valorAno=2016&orgao=DG/ANTT/MTPA&codTipo=&desItem=&desItemFim=&cod_modulo=161&cod_menu=5408>. Acesso em: 10 set. 2023.

BRASIL. Ministério da Saúde. Agência Nacional de Vigilância Sanitária. **Mostra Cultural Vigilância Sanitária e Cidadania**: Sistema Nacional de Vigilância Sanitária. Disponível em: <http://www.ccs.saude.gov.br/visa/snvs.html>. Acesso em: 10 dez. 2023.

BRASIL. Ministério do Meio Ambiente. Portaria n. 199, de 15 de junho de 2012. **Diário Oficial da União**, Brasília, DF, 18 jun. 2012. Disponível em: <https://www.ibama.gov.br/component/legislacao/?view=legislacao&legislacao=127410>. Acesso em: 10 set. 2023.

BRASIL. Ministério do Meio Ambiente. Portaria n. 326, de 5 de setembro de 2014. **Diário Oficial da União**, Brasília, DF, 8 set. 2014b. Disponível em: <https://www.ibama.gov.br/component/legislacao/?view=legislacao&force=1&legislacao=133874>. Acesso em: 10 set. 2023.

BRASIL. Ministério do Meio Ambiente. Portaria n. 327, de 5 de setembro de 2014. **Diário Oficial da União**, Brasília, DF, 8 set. 2014c. Disponível em: <https://www.ibama.gov.br/component/legislacao/?view=legislacao&legislacao=133875>. Acesso em: 10 set. 2023.

BRASIL. Ministério do Meio Ambiente. Portaria n. 390, de 23 de outubro de 2014. **Diário Oficial da União**, Brasília, DF, 24 out. 2014d. Disponível em: <https://piwik.ibama.gov.br/component/legislacao/?view=legislacao&force=1&legislacao=134260>. Acesso em: 10 set. 2023.

BRASIL. Ministério do Meio Ambiente. **Sistema Nacional da Meio Ambiente**: Apresentação. 6 jan. 2017b. Disponível em: <https://antigo.mma.gov.br/epanb/itemlist/category/147-sistema-nacional-de-meio-ambiente.html#:~:text=Criado%20pela%20Lei%206.938%2F1981,prote%C3%A7%C3%A3o%2C%20melhoria%20e%20recupera%C3%A7%C3%A3o%20da>. Acesso em: 10 dez. 2023.

BRITO, M. P. de; DEKKER, R. A Framework for Reverse Logistics. In: DEKKER, R. et al. (Ed.). **Reverse Logistics**. Heidelberg: Springer, 2004. p. 3-27. Disponível em: <https://doi.org/10.1007/978-3-540-24803-3_1>. Acesso em: 10 dez. 2023.

CFF – Conselho Federal de Farmácia. **Descarte de medicamentos pode ter logística reversa obrigatória**. 2 maio 2019. Disponível em: <https://www.cff.org.br/noticia.php?id=5275&titulo=Descarte+de+medicamentos+pode+ter+log%C3%ADstica+reversa+obrigat%C3%B3ria>. Acesso em: 10 maio 2023.

CHEBA, K. et al. Impact of External Factors on E-Commerce Market in Cities and Its Implications on Environment. **Sustainable Cities and Society**, v. 72, n. 4, Sept. 2021. Disponível em: <https://www.sciencedirect.com/science/article/abs/pii/S2210670721003164?via%3Dihub>. Acesso em: 10 dez. 2023.

CHEVALIER, S. **Retail E-Commerce Sales Worldwide from 2014-2026**. 21 Sept. 2021. Disponível em: <https://www.statista.com/statistics/379046/worldwide-retail-e-commerce-sales>. Acesso em: 23 nov. 2023.

CMMAD – Comissão Mundial Sobre Meio Ambiente e Desenvolvimento. **Nosso futuro comum**. 2. ed. Rio de Janeiro: Fundação Getulio Vargas, 1991.

CONG, W.; SHI, L. Heterogeneity of Industrial Development and Evolution of Cleaner Production: Bibliometric Analysis Based on JCLP. **Journal of Cleaner Production**, v. 212, p. 822-836, 2019.

COPPOLA, D. **Retail E-Commerce Sales in the United States from 1st Quarter 2009 to 3rd Quarter 2023**. 24 Nov. 2023. Disponível em:<https://www.statista.com/statistics/187443/quarterly-e-commerce-sales-in-the-the-us/>. Acesso em: 30 nov 2023.

COSTA, G. 5 empresas que são exemplos de logística reversa. **EESC JR**, 6 jun. 2018. Disponível em: <https://eescjr.com.br/blog/5-empresas-exemplos-de-logistica-reversa>. Acesso em: 10 dez. 2023.

CURITIBA. Prefeitura Municipal. Secretaria Municipal do Meio Ambiente. **Aterro da Caximba**. Disponível em: <https://www.curitiba.pr.gov.br/conteudo/aterro-da-caximba/349>. Acesso em: 10 dez. 2023.

DAS, K.; POSINASETTI, N. R. Addressing Environmental Concerns in Closed Loop Supply Chain Design and Planning. **International Journal of Production Economics**, v. 163, p. 34-47, 2015.

DELIANA, Y.; RUM, I. A. How Does Perception on Green Environment across Generations Affect Consumer Behaviour? A Neural Network Process. **International Journal of Consumer Studies**, v. 43, n. 4, p. 358-367, 2019.

DELL TECHNOLOGIES. **Acelerando a economia circular para reduzir os resíduos e proteger o planeta**. Disponível em: <https://www.dell.com/pt-br/dt/corporate/social-impact/advancing-sustainability/accelerating-the-circular-economy.htm>. Acesso em: 14 maio 2023.

DENNIS, S. **The Ticking Time Bomb of E-Commerce Returns**. 2018. Disponível em: <https://www.forbes.com/sites/stevendennis/2018/02/14/the-ticking-time-bomb-of-e-commerce-returns/?sh=5e7c42254c7f>. Acesso em: 18 abr. 2021.

DUTTA, P. et al. A Multiobjective Optimization Model for Sustainable Reverse Logistics in Indian E-Commerce Market. **Journal of Cleaner Production**, v. 249, p. 1-6, 2020.

EBIT/NIELSEN. **Webshoppers Free**. Disponível em: <https://company.ebit.com.br/webshoppers/webshoppersfree>. Acesso em: 10 set. 2023.

E-COMMERCE BRASIL. **5 maneiras de melhorar a logística no seu e-commerce**. 21 nov. 2021. Disponível em:<https://www.ecommercebrasil.com.br/artigos/5-maneiras-de-melhorar-a-logistica-no-seu-e-commerce>. Acesso em: 3 dez. 2023.

EMARKETER. **Top 5 Companies in China and the US, Ranked by Retail Ecommerce Sales, 2020 (billions)**. May 2020. Disponível em: <https://www.emarketer.com/chart/237107/top-5-companies-china-us-ranked-by-retail-ecommerce-sales-2020-billions>. Acesso em: 14 maio 2021.

EMBRAPA – Empresa Brasileira de Pesquisa Agropecuária. **Políticas públicas para agricultura familiar**. Disponível em: <https://www.embrapa.br/tema-agricultura-familiar/politicas-publicas>. Acesso em: 10 dez. 2023.

EPA – United States Environmental Protection Agency. **EPA History**: Resource Conservation and Recovery Act. Disponível em: <https://www.epa.gov/history/epa-history-resource-conservation-and-recovery-act>. Acesso em: 30 nov 2023.

ESPOSITO, M.; TSE, T.; SOUFANI. K. Is the Circular Economy a New Fast-Expanding Market? **Thunderbird International Business Review**, v. 59, n. 1, p. 9-14, 2017.

EUROSTAT. **E-Commerce Continues to Grow in the EU**. 28 Feb. 2023. Disponível em: <https://ec.europa.eu/eurostat/web/products-eurostat-news/w/DDN-20230228-2>. Acesso em: 30 nov 2023.

FLEISCHMANN, M. **Quantitative Models for Reverse Logistics**. Heidelberg: Springer, 2001.

FORTI, V. et al. **The Global E-waste Monitor 2020**: Quantities, Flows and the Circular Economy Potential. United Nations University (UNU)/United Nations Institute for Training and Research (UNITAR) – co-hosted SCYCLE Programme, International Telecommunication Union (ITU) & International Solid Waste Association (ISWA), Bonn/Geneva/Rotterdam. 2020. Disponível em: <https://ewastemonitor.info/wp-content/uploads/2020/11/GEM_2020_def_july1_low.pdf>. Acesso em: 10 set. 2023.

GARTNER, INC. **Gartner Survey Shows 70% of Supply Chain Leaders Plan to Invest in the Circular Economy**. Feb. 2020. Disponível em: <https://www.gartner.com/en/newsroom/press-releases/2020-02-26-gartner-survey-shows-70--of-supply-chain-leaders-plan>. Acesso em: 14 maio 2023.

GHOBAKHLOO, M.; TANG, S. H. The Role of Owner/Manager in Adoption of Electronic Commerce in Small Businesses: the Case of Developing Countries. **Journal of Small Business and Enterprise Development**, v. 20, n. 4, p. 754-787, 2013.

GIORDANO, C. V. et al. Avaliação do processo de logística reversa pós-vendas no segmento farmacêutico. **Cafi**, v. 2, n. 1, p. 86-98, 2019. Disponível em: <https://revistas.pucsp.br/index.php/CAFI/article/view/41042>. Acesso em: 10 set. 2023.

GLOBALTRANZ. **What Is Reverse Logistics and How Can You Benefit?** 2014. Disponível em: <https://www.globaltranz.com/resource-hub/what-is-reverse-logistics/>. Acesso em: 10 set. 2023.

GONÇALVES, L. A. A logística do comércio eletrônico no segmento B2C: tempo de entrega como vantagem competitiva. In: SIMPÓSIO DE ENGENHARIA DE PRODUÇÃO, 12., 2005, Bauru. **Anais**… 2005. Disponível em: <https://docplayer.com.br/16138764-A-logistica-do-comercio-eletronico-no-segmento-b2c-tempo-de-entrega-como-vantagem-competitiva.html>. Acesso em: 10 set. 2023.

GONÇALVES, M. E.; MARINS, F. A. S. Processo de logística reversa: estudo de caso das aparas na laminação de vidros. In: ENCONTRO NACIONAL DE ENGENHARIA DE PRODUÇÃO – ENEGEP, 24., 2004, Florianópolis. **Anais**… 2004. Disponível em: <http://www.resol.com.br/textos/enegep2004_enegep0112_1202.pdf>. Acesso em: 10 set. 2023.

GONZÁLEZ-TORRE, P. L.; ADENSO-DÍAZ, B.; ARTIBA, H. Environmental and Reverse Logistics Policies in European Bottling and Packaging Firms. **International Journal of Production Economics**, v. 88, p. 95-104, 2004. Disponível em: <https://www.sciencedirect.com/science/article/abs/pii/S0925527303001816>. Acesso em: 10 set. 2023.

GOTTBERG, A. et al. Producer Responsibility, Waste Minimization and the WEEE Directive: Case Studies in Eco-Design from the European Lighting Sector. **Science of the Total Environment**, v. 359, p. 38-56, Apr. 2006.

GUIDE JR., V. D. R.; VAN WASSENHOVE, L. N. The Evolution of Closed-Loop Supply Chain Research. **Operations Research**, v. 57, n. 1, p. 10-18, 2009.

HAHN, L. Estratégias de distribuição de produtos: o guia do representante de vendas. **Comunidade Sebrae**, 23 ago. 2021. Disponível em: <https://comunidade-apps.pr.sebrae.com.br/comunidade/artigo/estrategias-de-distribuicao-de-produtos-o-guia-do-representante-de-vendas>. Acesso em 24 nov. 2023.

HARARI, Y. N. **Sapiens**: uma breve história da humanidade. 29. ed. New York: Harper, 2011.

HAWKS, K. What Is Reverse Logistics. **Reverse Logistics Magazine**, v. 1, n. 1, p. 12-13, 2006.

HJORT, K.; LANTZ, B. The Impact of Returns Policies on Profitability: a Fashion E-commerce Case. **Journal of Business Research**, v. 69, n. 11, p. 4980-4985, 2016.

HOFER, C. W. Toward a Contingency Theory of Business Strategy. In: HAHN, D.; TAYLOR, B. (Ed.) **Strategische Unternehmungsplanung/Strategische Unternehmungsführung**. Heidelberg: Springer, 1990. p. 151-175.

IEA – International Energy Agency. **CO_2 Emissions from Fuel Combustion**: Highlights. 2019. Disponível em: <https://iea.blob.core.windows.net/assets/eb3b2e8d-28e0-47fd-a8ba-160f7ed42bc3/CO2_Emissions_from_Fuel_Combustion_2019_Highlights.pdf>. Acesso em: 11 jun. 2021.

IGNAT, B.; CHANKOV, S. Do E-Commerce Customers Change their Preferred Last-Mile Delivery Based on its Sustainability Impact? **The International Journal of Logistics Management**, v. 31, n. 3, p. 521-548, 2020.

ILGIN, M. A.; GUPTA, S. M. Environmentally Conscious Manufacturing and Product Recovery (ECMPRO): a Review of the State of the Art. **Journal of Environmental Management**, v. 91, n. 3, p. 563-591, 2010.

ISO – International Organization for Standardization. **Certification and Conformity**: the ISO Survey. 2020. Disponível em: <https://www.iso.org/the-iso-survey.html>. Acesso em: 14 maio 2023.

JALLER, M.; PAHWA, A. Evaluating the Environmental Impacts of Online Shopping: a Behavioral and Transportation Approach. **Transportation Research Part D: Transport and Environment**, v. 80, Mar. 2020. Disponível em: <https://www.sciencedirect.com/science/article/abs/pii/S1361920919302639>. Acesso em: 10 set. 2023.

KANTAR. **Kantar BrandZ Top 100 Most Valuable Global Brands**. 2021. Disponível em: <https://www.kantar.com/campaigns/brandz/global>. Acesso em: 14 maio 2023.

KEMP, S. **Digital 2021**: Global Digital Overview. 2021. Disponível em: <https://datareportal.com/reports/digital-2021-global-overview-report>. Acesso em: 12 jun. 2021.

KHAN, S.; QIANLI, D. Impact of Green Supply Chain Management Practices on Firms' Performance: an Empirical Study from the Perspective of Pakistan. **Environmental Science and Pollution Research**, v. 24, n. 20, p. 16829-16844, 2017.

KLEAB, K. Important of Supply Chain Management. **International Journal of Scientific and Research Publications**, v. 7, n. 9, p. 397-400, 2017.

KONG, X. T. et al. Cyber Physical Ecommerce Logistics System: an Implementation Case in Hong Kong. **Computers & Industrial Engineering**, v. 139, 2020.

KOPICKI, R. J.; BERG, M. J.; LEGG, L. **Reuse and Recycling**: Reverse Logistics Opportunities. Oak Brook: Council of Logistics Management Books, 1993.

KOTLER, P. **Marketing para o século XXI**: como criar, conquistar e dominar mercados. 14. ed. São Paulo: Futura, 2004.

KRUMWIEDE, D. W.; SHEU, C. A Model for Reverse Logistics Entry by Third-Party Providers. **Omega**, v. 30, n. 5, p. 325-333, 2002.

KULWIEC, R. Reverse Logistics Provides Green Benefits. AME – Association for Manufacturing Excellence. **Target**, v. 22, n. 3, 2006. Disponível em: <https://www.ame.org/sites/default/files/target_articles/06-22-3-Reverse%20Logistics%203-06.pdf>. Acesso em: 10 maio 2023.

KUPPELWIESER, V. G. et al. O. Consumer Responses to Planned Obsolescence. **Journal of Retailing and Consumer Services**, v. 47, p. 157-165, 2019.

LAKE, C. 10 Customer Experience Soundbites from Jeff Bezos. **Econsultancy**, Aug. 2013. Disponível em: <https://econsultancy.com/10-customer-experience-soundbites-from-jeff-bezos>. Acesso em: 24 nov. 2023.

LEITE, P. R. **Logística reversa**: meio ambiente e competitividade. 2. ed. São Paulo: Pearson Prenctice Hall, 2009.

LEITE, P. R. **Logística reversa**: meio ambiente e competitividade. São Paulo: Pearson Prentice Hall, 2003.

LEITE, P. R. Logística reversa: nova área da logística empresarial. **Revista Tecnológística**, maio 2002. Disponível em: <https://docplayer.com.br/4271879-Autor-paulo-roberto-leite-revista-tecnologistica-maio-2002-sao-paulo-edit-publicare-logistica-reversa-nova-area-da-logistica-empresarial.html> Acesso em: 10 dez. 2023.

LIEB, R. C. The Use of Third-Party Logistics Services by Large American Manufacturers. **Journal of Business Logistics**, v. 13, n. 2, p. 29-42, 1992.

LOPES, L. J.; SACOMANO NETO, M.; SPERS, V. R. E. Diferenças e complementaridades entre a logística reversa, ISO 14000 e o Green Supply Chain Management. **Revista Gestão Industrial**, v. 9, n. 1, p. 225-253, 2013. Disponível em: <https://periodicos.utfpr.edu.br/revistagi/article/view/1056/1000>. Acesso em: 24 nov. 2023.

LYRA, M. G.; GOMES, R. C.; JACOVINE, L. A. G. O papel dos stakeholders na sustentabilidade da empresa: contribuições para construção de um modelo de análise. **Revista de Administração Contemporânea**, n. 13, p. 39-52, jun. 2009.

MATA, K., B. da C. **E-commerce**: análise de dados sobre o comércio eletrônico no Brasil. Trabalho de Conclusão de Curso (Bacharelado em Engenharia de Computação) – Pontifícia Universidade Católica de Goiás, Goiânia, 2021. Disponível em: <https://repositorio.pucgoias.edu.br/jspui/bitstream/123456789/1761/1/E-commerce%20-%20An%C3%A1lise%20de%20Dados%20sobre%20o%20Com%C3%A9rcio%20Eletr%C3%B4nico%20no%20Brasil.pdf>. Acesso em: 12 maio 2023.

MAZZUCO, M. B2B, B2C, B2E, B2G, B2B2C, C2C e D2C: conheça os 7 modelos de negócios. **Sales Hackers**, 19 maio 2020. Disponível em: <https://saleshackers.com.br/blog/conheca-os-7-modelos-de-negocios>. Acesso em: 12 maio 2023.

MCC-ENET. **Índices e indicadores do mercado online**. Disponível em: <https://www.mccenet.com.br>. Acesso em: 6 abr. 2021.

MEADOWS, D. H. et al. **The Limits to Growth**: a Report for the Club of Rome's Project on the Predicament of Mankind. New York: Universe Books, 1972.

MELE, P. M.; GOMEZ, J. M.; GARAY, L. To Green or Not to Green: the Influence of Green Marketing on Consumer Behaviour in the Hotel Industry. **Sustainability**, v. 11, n. 17, 2019. Disponível em: <https://www.mdpi.com/2071-1050/11/17/4623>. Acesso em: 10 set. 2023.

MIMOUNI, F.; ABOUABDELLAH, A.; MHARZI, H. Study of the Reverse Logistics' Break-even in a Direct Supply Chain. **International Review on Modelling and Simulations**, v. 8, n. 2, p. 277-283, 2015. Disponível em: <https://www.research gate.net/publication/279158557_Study_of_the_Reverse_Logistics'_Break-Even_in_a_ Direct_Supply_Chain>. Acesso em: 10 se. 2023.

MIMS, C. The Prime Effect: How Amazon's Two-Day Shipping Is Disrupting Retail. **The Wall Street Journal**, 20 Sept. 2018. Disponível em: <https://www.wsj.com/articles/the-prime-effect-how-amazons-2-day-shipping-is-disrupting-retail-1537448425>. Acesso em: 12 maio 2023.

MODAK, P. et al. Municipal Solid Waste Management: Turning Waste into Resources. In: UNITED NATIONS. Bureau International des Expositions. **Shanghai Manual**: A Guide for Sustainable Urban Development in the 21st Century. Shangai, 2010. Disponível em: <http://www.zaragoza.es/contenidos/medioambiente/onu/1203-eng.pdf>. Acesso em: 24 nov. 2023.

MOLLENKOPF, D. et al. Green, Lean, and Global Supply Chain. **International Journal of Physical Distribution & Logistics Management**, v. 40, n. 1-2, p. 14-41, 2010. Disponível em: <https://www.researchgate.net/publication/235260017_Green _Lean_and_Global_Supply_Chains>. Acesso em: 10 set. 2023.

NAIR, A. K. S.; BHATTACHARYYA, S. S. Is Sustainability a Motive to Buy? An Exploratory Study in the Context of Mobile Applications Channel among Young Indian Consumers. **Foresight**, v. 21, n. 2, p. 177-199, 2019. Disponível em: <https://www.researchgate.net/publication/328701357_Is_sustainability_a_motive_to_buy_An_ exploratory_study_in_the_context_of_mobile_applications_channel_among_young_ Indian_consumers>. Acesso em: 10 set. 2023.

NARVAR. **State of Returns**: New Expectations. Consumer Study 2020. 2020. Disponível em: <https://see.narvar.com/rs/249-TEC-877/images/State-of-Returns-New- -Expectations-Narvar-Consumer-Study-2020.pdf>. Acesso em: 10 maio 2023.

NCR. **Reverse Logistics in 2021**: How to Brace for the Increasing Impact of Returns. Feb. 2021. Disponível em: <https://www.ncr.com/blogs/retail/reverse-logistics-2021>. Acesso em: 14 maio 2023.

NGUYEN, D. H. et al. What Is the Right Delivery Option for You? **Consumer Preferences for Delivery Attributes in Online Retailing**, v. 40, n. 4, p. 299-321, 2019.

NIKOLAIDIS, Y. (Ed.). **Quality Management in Reverse Logistics**. London: Springer-Verlag, 2013.

NIKOLAOU, I. E.; EVANGELINOS, K. I.; ALLAN, A. A Reverse Logistics Social Responsibility Evaluation Framework Based on the Triple Bottom Line Approach. **Journal of Cleaner Production**, n. 56, p. 173-184, 2013.

NISHITANI, K. An Empirical Analysis of the Effects on Firms' Economic Performance of Implementing Environmental Management Systems. **Environmental & Resource Economics**, v. 48, n. 4, p. 569-586, 2011.

NOGUEIRA, G. P. M.; RANGEL, J. J. A.; SHIMODA, E. Sustainable Last-Mile Distribution in B2C E-Commerce: Do Consumers Really Care? **Cleaner and Responsible Consumption**, v. 3, 2021. Disponível em: <https://www.sciencedirect.com/science/article/pii/S2666784321000152>. Acesso em: 10 set. 2023.

NOVAES, A. G. **Logística e gerenciamento da cadeia de distribuição**. Rio de Janeiro: Elsevier, 2007.

NUNES, A. C. Retrospectiva 2020: e-commerce se tornou o melhor negócio em tempos de pandemia. **Época Negócios**, 21 dez. 2020. Disponível em: <https://epocanegocios.globo.com/Economia/noticia/2020/12/retrospectiva-2020-e-commerce-se-tornou-o-melhor-negocio-em-tempos-de-pandemia.html>. Acesso em: 10 maio 2023.

OLIVEIRA, E. A. Ensino remoto: o desafio na prática docente frente ao contexto da pandemia. **Educação Pública**, v. 21, n. 28, 27 jul. 2021. Disponível em: <https://educacaopublica.cecierj.edu.br/artigos/21/28/ensino-remoto-o-desafio-na-pratica-docente-frente-ao-contexto-da-pandemia>. Acesso em: 30 nov. 2023.

OLIVEIRA NETO, G. C.; SHIBAO, F. Y.; GODINHO, M. The State of Research on Cleaner Production in Brazil. **Revista de Administração de Empresas**, v. 56, n. 5, p. 547-577, 2016. Disponível em: <https://doi.org/10.1590/S0034-759020160508>. Acesso em: 14 maio 2023.

ONU – Organização das Nações Unidas. **Humanidade produz mais de 2 bilhões de toneladas de lixo por ano, diz ONU em dia mundial**. 2018. Disponível em: <https://brasil.un.org/pt-br/81186-humanidade-produz-mais-de-2-bilh%C3%B5es-de-toneladas-de-lixo-por-ano-diz-onu-em-dia-mundial>. Acesso em: 1º dez. 2023.

PAI, P. F.; CHEN, L. C.; LIN, K. P. A Hybrid Data Mining Model in Analyzing Corporate Social Responsibility. **Neural Computing and Applications**, v. 27, n. 3, 2016. Disponível em: <https://dl.acm.org/doi/abs/10.1007/s00521-015-1893-0>. Acesso em: 10 dez. 2023.

PARENTE, J. **Varejo no Brasil**: gestão e estratégia. São Paulo: Atlas, 2000.

PARK, P. J.; TAHARA, K. Quantifying Producer and Consumer-Based Eco-Efficiencies for the Identification of Key Ecodesign Issues. **Journal of Cleaner Production**, v. 16, n. 1, p. 95-104, 2008.

POST & PARCEL. **Approximately 85% of Goods on Alibaba's E-Commerce Platforms Now Eligible for Returns**. Dec. 2020. Disponível em: <https://postandparcel.info/130248/news/e-commerce/approximately-85-of-goods-on-alibabas-e-commerce-platforms-now-eligible-for-returns>. Acesso em: 10 dez. 2023.

PRAJAPATI, H.; KANT, R.; SHANKAR, R. Bequeath Life to Death: State-of-art Review on Reverse Logistics. **Journal of Cleaner Production**, v. 211, p. 503-520, 2019. Disponível em: <https://www.sciencedirect.com/science/article/pii/S095965261833590X>. Acesso: 24 nov. 2023.

RAHIMIFARD, S.; CLEGG, A. J. Aspects of Sustainable Design and Manufacture. **International Journal of Production Research**, v. 45, n. 18-19, p. 4013-4019, 2007.

RAI, H. B.; VERLINDE, S.; MACHARIS, C. The "Next Day, Free Delivery" Myth Unravelled: Possibilities for Sustainable Last-Mile Transport in an Omnichannel Environment. **International Journal of Retail & Distribution Management**, v. 47, n. 1, p. 39-54, 2019.

RAZZOLINI FILHO, E.; BERTÉ, R. **O reverso da logística e as questões ambientais no Brasil**. Curitiba: InterSaberes, 2013.

RICH, D. 5 Reverse Logistics Problems that Hurt E-Commerce. **Ship my Orders**, 15 Apr. 2019. Disponível em: <https://www.shipmyorders.com/reverse-logistics-problems-ecommerce>. Acesso em: 14 maio 2023.

RICHTER, F. E-Commerce Giants Top Global Retail Brand Ranking. **Statista**, 2019. Disponível em: <https://www.statista.com/chart/18087/most-valuable-retail-brands>. Acesso em: 14 maio 2021.

RIZOVA, M. I.; WONG, T. C.; IJOMAH, W. A Systematic Review of Decision-Making in Remanufacturing. **Computers and Industrial Engineering**, v. 147, p. 106681, 2020.

RLA – Reverse Logistics Association. **History**. Disponível em: <https://rla.org/site/about>. Acesso em: 30 nov 2023.

ROGERS, D. S. et al. The Returns Management Process. **The International Journal of Logistics Management**, v. 13, n. 2, p. 1-18, 2002.

ROGERS, D. S.; TIBBEN-LEMBKE, R. S. **Going Backwards**: Reverse Logistics Trends and Practices. Pittsburgh, PA: Reverse Logistics Executive Council, 1999.

ROGERS, D. S.; TIBBEN-LEMBKE, R. S.; BENARDINO. J. Reverse Logistics: a New Core Competency. **Supply Chain Management Review**, v. 17, p. 40-47, 2013.

ROSSINI, V.; NASPOLINI, S. H. D. F. Obsolescência programada e meio ambiente: a geração de resíduos de equipamentos eletroeletrônicos. **Revista de Direito e Sustentabilidade**, Brasília, v. 3, n. 1, p. 51-71, jan./jun. 2017.

SAHAY, B. S.; MOHAN, R. Supply Chain Management Practices in Indian Industry International. **Journal of Physical Distribution & Logistics Management**, v. 33, n. 7, p. 582-606, 2003.

SALEH, K. E-commerce Product Return Rate: Statistics and Trends. **Invest**, 2016. Disponível em: <https://www.invespcro.com/blog/ecommerce-product-return-rate-statistics/>. Acesso em: 10 maio 2023.

SANTANA, M. R. The Reverse Logistics and Your Importance to Organizational and Environmental Sustainability. **Multidisciplinary Core Scientific Journal of Knowledge**, n. 6, v. 4, p. 36-51, June 2018.

SEBRAE – Serviço Brasileiro de Apoio às Micro e Pequenas Empresas. **Como fazer seu produto chegar na quantidade, horário e local corretos?** 14 dez. 2022a. Disponível em: <https://www.sebrae.com.br/sites/PortalSebrae/artigos/artigoshome/como-definir-os-canais-de-distribuicao-do-seu-produto,bfbe7e0805b1a410VgnVCM1000003b74010aRCRD>. Acesso em: 10 maio 2023.

SEBRAE – Serviço Brasileiro de Apoio às Micro e Pequenas Empresas. **Logística é um dos pontos-chave no comércio eletrônico.** 26 set. 2022b. Disponível em: <https://www.sebrae.com.br/sites/PortalSebrae/artigos/logistica-e-um-dos-pontos-chave-no-comercio-eletronico,b30e438af1c92410VgnVCM100000b272010aRCRD>. Acesso em: 10 maio 2023.

SEBRAE – Serviço Brasileiro de Apoio às Micro e Pequenas Empresas. **Startup**: o que é e como fazer um modelo de negócios. 14 jan. 2014a. Disponível em: <https://www.sebrae.com.br/sites/PortalSebrae/artigos/artigoshome/startup-entenda-o-que-e-modelo-de-negocios,5b3bb2a178c83410VgnVCM1000003b74010aRCRD>. Acesso em: 12 maio 2023.

SEBRAE – Serviço Brasileiro de Apoio às Micro e Pequenas Empresas. **Integre seus canais de vendas a partir do conceito de omnichannel.** 15 dez. 2014b. Disponível em:< https://sebrae.com.br/sites/PortalSebrae/artigos/integre-seus-canais-de-vendas-a-partir-do-conceito-de-omni-channel,87426f65a8f3a410VgnVCM2000003c74010aRCRD>. Acesso em: 30 nov. 2023.

SEBRAE – Serviço Brasileiro de Apoio às Micro e Pequenas Empresas. **O que é omnichannel**. 23 dez. 2022c. Disponível em: <https://sebrae.com.br/sites/PortalSebrae/artigos/o-que-e-omnichannel,97cf67a819615810VgnVCM100000d701210aRCRD>. Acesso em: 30 nov. 2023.

SERASA. **Leasing**: O que é e como funciona? Entenda. Disponível em: <https://www.serasa.com.br/blog/leasing-o-que-e-e-como-funciona-entenda>. Acesso em: 24 nov. 2023.

SILVA, A. F.; MATTOS, U. A. O. Logística reversa: Portugal, Espanha e Brasil – uma revisão bibliográfica. **Revista Internacional de Ciências**, v. 9, n. 1, p. 35-52, 2019.

SILVA, A. L. E.; MORAES, J. A. R.; MACHADO, E. L. Proposal for Cleaner Production Oriented Practices Ecodesign and Reverse Logistics. **Engenharia Sanitária e Ambiental**, v. 20, n. 1, p. 29-37, 2015.

SILVA, V. S. et al. Estratégia de gestão de múltiplos canais de distribuição: um estudo na indústria brasileira de alimentos. **Production**, v. 26, n. 1, p. 115-128, jan./mar. 2016. Disponível em: <https://doi.org/10.1590/0103-6513.039112>. Acesso em: 10 dez. 2023.

SINIR – Sistema Nacional de Informações sobre a Gestão dos Resíduos Sólidos. **Relatório Nacional de Gestão de Resíduos Sólidos**: 2019. 10 ago. 2021. Disponível em: <https://sinir.gov.br/relatorios/nacional>. Acesso em: 10 maio 2023.

SINIR – Sistema Nacional de Informações sobre a Gestão dos Resíduos Sólidos. **O que é logística reversa**. Disponível em: <https://sinir.gov.br/perfis/logistica-reversa/logistica-reversa>. Acesso em: 10 dez. 2023.

SOUZA, M. M.; FERREIRA, A. C.; ARANTES, R. C. A influência da logística reversa de pós-venda na satisfação do cliente. **Qualit@as**, v. 20, n. 2, p. 40-61, 2019. Disponível em: <https://www.researchgate.net/publication/341450356_A_INFLUENCIA_DA_LOGISTICA_REVERSA_DE_POS-VENDA_NA_SATISFACAO_DO_CLIENTE>. Acesso em: 10 dez. 2023.

SPIEGEL, J. R. et al. **Method and System for Anticipatory Package Shipping**. United States Patent and Trademark Office. 2013. Disponível em: <https://pdfpiw.uspto.gov/.piw?docid=08615473&PageNum=1&&IDKey=280946382F66&HomeUrl=http://patft.uspto.gov/netacgi/nph-Parser?Sect1=PTO2%2526Sect2=HITOFF%2526p=1%2526u=%25252Fnetahtml%25252FPTO%25252Fsearch-bool.html%2526r=1%2526f=G%2526l=50%2526co1=AND%2526d=PTXT%2526s1=%252522anticipatory%252Bpackage%252522%2526OS=%252522anticipatory%252Bpackage%252522%2526RS=%252522anticipatory%252Bpackage%252522>. Acesso em: 14 maio 2021.

SUBRAMANIAN, R.; TALBOT, B.; GUPTA, S. An Approach to Integrating Environmental Considerations within Managerial Decision-Making. **Journal of Industrial Ecology**, v. 14, n. 3, p. 378-398, 2010.

TETTEH, A.; XU, Q. Supply Chain Distribution Networks: Single-, Dual- and Omni-Channel. **Interdisciplinary Journal of Research in Busines**s, v. 3, n. 9, p. 63-73, 2014.

TEXTILE WORLD. **Levi's® 501®**: an Icon Designed for Circularity. 12 Oct. 2021. Disponível em: <https://www.textileworld.com/textile-world/knitting-apparel/2021/10/levis-501-an-icon-designed-for-circularity>. Acesso em: 14 maio 2023.

THE WORLD BANK. What a Waste 2.0: a Global Snapshot of Solid Waste Management to 2050. Washington, 2020. Disponível em: <https://openknowledge.worldbank.org/entities/publication/d3f9d45e-115f-559b-b14f-28552410e90a>. Acesso em: 7 dez. 2022.

THE TOKYO ORGANISING COMMITTEE OF THE OLYMPIC AND PARALYMPIC GAMES. **Sustainability Pre-Games Report**: Sustainability Highlights – Showcasing a Sustainable Society. Apr. 2020. Disponível em: <https://gtimg.tokyo2020.org/image/upload/production/juykxnxjkjk19msywzad.pdf>. Acesso em: 10 maio 2023.

TIBBEN-LEMBKE, R. S. Life after Death: Reverse Logistics and the Product Life Cycle. **International Journal of Physical Distribution & Logistics Management**, v. 32, n. 3, p. 223-244, 2002.

TONANONT, A. et al. **Performance Evaluation in Reverse Logistics with Data Envelopment Analysis**. 187 f. Tese (Doutorado em Filosofia) – The University of Texas, Austin, 2009. Disponível em: <https://rc.library.uta.edu/uta-ir/handle/10106/1904>. Acesso em: 10 dez. 2023.

UNEP. **Resource Efficient and Cleaner Production (RECP)**. Disponível em: <https://www.unido.org/our-focus-safeguarding-environment-resource-efficient-and-low-carbon-industrial-production/resource-efficient-and-cleaner-production-recp>. Acesso em: 10 dez. 2023.

UNIÃO EUROPEIA. **Diretiva 2000/53/CE do Parlamento Europeu e do Conselho**. Estrasburgo, 18 set. 2000. Disponível em: <https://eur-lex.europa.eu/legal-content/PT/TXT/HTML/?uri=CELEX:32000L0053>. Acesso em: 10 dez. 2023.

UNIÃO EUROPEIA. **Diretiva 2002/95/CE do Parlamento Europeu e do Conselho**. Estrasburgo, 27 jan. 2003a. Disponível em: <https://eur-lex.europa.eu/legal-content/PT/TXT/PDF/?uri=CELEX:32002L0095>. Acesso em: 10 dez. 2023.

UNIÃO EUROPEIA. **Diretiva 2002/96/CE do Parlamento Europeu e do Conselho**. Estrasburgo, 27 jan. 2003b. Disponível em: <https://eur-lex.europa.eu/resource.html?uri=cellar:ac89e64f-a4a5-4c13-8d96-1fd1d6bcaa49.0010.02/DOC_1&format=PDF>. Acesso em: 10 dez. 2023.

UNIÃO EUROPEIA. **Diretiva 2003/108/CE do Parlamento Europeu e do Conselho**. Estrasburgo, 8 dez. 2003c. Disponível em: <https://eur-lex.europa.eu/legal-content/PT/TXT/HTML/?uri=CELEX:32003L0108>. Acesso em: 10 dez. 2023.

UNIÃO EUROPEIA. **Diretiva 2006/66/CE do Parlamento Europeu e do Conselho**. Estrasburgo, 6 set. 2006. Disponível em: <https://eur-lex.europa.eu/legal-content/PT/TXT/HTML/?uri=CELEX:32006L0066>. Acesso em: 10 dez. 2023.

UNIÃO EUROPEIA. **Diretiva 2008/98/CE do Parlamento Europeu e do Conselho**. Estrasburgo, 19 nov. 2008. Disponível em: <https://eur-lex.europa.eu/legal-content/PT/TXT/HTML/?uri=CELEX:32008L0098>. Acesso em: 10 dez. 2023.

UNIÃO EUROPEIA. **Diretiva 94/62/CE do Parlamento Europeu e do Conselho**. Estrasburgo, 20 dez. 1994. Disponível em: <https://eur-lex.europa.eu/legal-content/PT/TXT/?uri=celex%3A31994L0062>. Acesso em: 10 dez. 2023.

WWF – World Wide Fund for Nature. **Solucionar a poluição plástica**: transparência e responsabilização. Relatório, 2019. Disponível em: <https://promo.wwf.org.br/solucionar-a-poluicao-plastica-transparencia-e-responsabilizacao?_ga=2.125866125.1239425224.1623532910-1182110575.1620149299>. Acesso em: 10 maio 2023.

XAVIER, V. G. **Estudo IBM**: Consumidores pagarão em média 35% a mais por produtos sustentáveis e de procedência transparente em 2020. 10 jan. 2020. Disponível em: <https://www.ibm.com/blogs/ibm-comunica/estudo-ibm-consumidores-pagarao-em-media-35-a-mais-por-produtos-sustentaveis-e-de-procedencia-transparente-em-2020/>. Acesso em: 14 maio 2023.

YAYLA, A.Y. et al. A Hybrid Data Analytic Methodology for 3PL Transportation Provider Evaluation Using Fuzzy Multi-Criteria Decision Making. **International Journal of Production Research**, v. 53, n. 20, p. 6097-6113, 2015. Disponível em: <https://www.tandfonline.com/doi/full/10.1080/00207543.2015.1022266>. Acesso em: 24 nov. 2023.

YILMAZ, O.; ANCTIL, A.; KARANFIL, T. LCA as a Decision Support Tool for Evaluation of Best Available Techniques (BATs) for Cleaner Production of Iron Casting. **Journal of Cleaner Production**, v. 105, p. 337-347, 2015.

ZWASS, V. Electronic Commerce: Structures and Issues. **International Journal of Electronic Commerce**, v. 1, n. 1, p. 3-23, 1996. Disponível em: <http://citeseerx.ist.psu.edu/viewdoc/download?doi=10.1.1.133.9834&rep=rep1&type=pdf>. Acesso em: 10 maio 2023.

respostas*

Capítulo 1

Questões para revisão

1. c

2. a

3. c

4. O fluxo logístico é a movimentação de bens, produtos e matérias-primas ao longo das cadeias apresentadas no capítulo. Os autores subdividem esses fluxos em quatro segmentos: 1) fluxo físico – relacionado à movimentação de materiais; 2) fluxo financeiro – relacionado à movimentação financeira em função do pagamento dos insumos e materiais; 3) fluxo de informações – relacionado à transmissão de dados e informações, dinamizando os dois fluxos anteriores; 4) logística reversa (LR) – para os autores, esse fluxo está inserido nos três anteriores, uma vez que, em virtude da nova realidade mundial, todos os fluxos são bidirecionais.

---

* Todas as fontes citadas nesta seção constam na lista final de referências.

5. Podemos citar as seguintes diferenças entre a logística tradicional e a logística do comércio eletrônico:
- Tipo de carregamento:
    - Logística tradicional – paletizado.
    - Logística do comércio eletrônico – pequenos pacotes.
- Clientes:
    - Logística tradicional – conhecidos.
    - Logística do comércio eletrônico – desconhecidos.
- Estilo de demanda:
    - Logística tradicional – empurrada.
    - Logística do comércio eletrônico – puxada.
- Fluxo do estoque/pedido:
    - Logística tradicional – unidirecional.
    - Logística do comércio eletrônico – bidirecional.
- Tamanho médio do pedido:
    - Logística tradicional – mais de R$ 1.000.
    - Logística do comércio eletrônico: menos de R$ 100.
- Destinação dos pedidos:
    - Logística tradicional – concentrada.
    - Logística do comércio eletrônico – altamente dispersa.
- Responsabilidade:
    - Logística tradicional – um único elo.
    - Logística do comércio eletrônico – toda a cadeia de suprimentos.
- Demanda:
    - Logística tradicional – estável e consistente.
    - Logística do comércio eletrônico – incerta e fragmentada.

Questões para reflexão

1. Sugestão de resposta: A disparidade na geração de resíduos *per capita* (por pessoa), que varia de 0,11 kg a 4,5 kg por dia em diferentes regiões do mundo, pode ser atribuída a uma combinação complexa de fatores. Diversos elementos contribuem para essa discrepância, incluindo os seguintes:

- Hábitos de consumo – Regiões com padrões de consumo mais conscientes e práticas de redução, reutilização e reciclagem tendem a gerar menos resíduos.
- Desenvolvimento econômico – Países mais desenvolvidos economicamente geralmente dispõem de sistemas mais avançados de gestão de resíduos, enquanto regiões em desenvolvimento podem enfrentar desafios estruturais que resultam em maior desperdício.
- Infraestrutura de reciclagem – A presença de uma infraestrutura eficiente de reciclagem pode impactar significativamente a quantidade de resíduos gerados, com regiões bem equipadas apresentando índices mais baixos.
- Conscientização ambiental – Níveis de consciência ambiental e educação sobre práticas sustentáveis influenciam diretamente o comportamento das pessoas em relação ao desperdício.
- Estilo de vida urbano ou rural – Populações urbanas tendem a gerar mais resíduos em virtude da adoção de estilos de vida mais intensos e do maior acesso a produtos descartáveis, em comparação com populações de áreas rurais.
- Políticas governamentais – A implementação de políticas governamentais relacionadas à gestão de resíduos, como taxas de reciclagem e proibições de certos materiais, influencia diretamente os hábitos de descarte da população.
- Cultura local – Diferenças culturais relacionadas a práticas ambientais e atitudes em relação ao desperdício também desempenham um papel crucial. Essa variabilidade complexa evidencia a necessidade de abordagens personalizadas e adaptadas às características específicas de cada região, de modo a promover a conscientização, a educação e a implementação de práticas sustentáveis para mitigar o impacto ambiental associado à geração de resíduos.

2. Sugestão de resposta: A LR desempenha um papel fundamental na redução da geração de resíduos em todo o planeta, contribuindo de várias maneiras:

- Reciclagem eficiente – Implementando-se sistemas de LR, é possível recuperar materiais valiosos de produtos descartados, promovendo a reciclagem e reduzindo a necessidade de extrair novas matérias-primas.
- Recondicionamento e reutilização – A LR possibilita o recondicionamento e a reutilização de produtos, estendendo seu ciclo de vida e reduzindo a demanda por novas produções.
- Gestão adequada de produtos descartados – Estabelecendo-se processos eficientes de LR, é possível garantir a gestão adequada de produtos descartados, evitando a contaminação ambiental e maximizando a recuperação de materiais.
- Minimização de resíduos em aterros sanitários – Ao direcionar produtos para canais de LR, há uma redução na quantidade de resíduos enviados para aterros sanitários, o que contribui para a preservação do meio ambiente.
- Educação e conscientização – A implementação de programas de LR cria oportunidades para educar os consumidores sobre práticas sustentáveis, promovendo uma mentalidade de redução de resíduos desde o momento da compra até o descarte adequado.
- Incentivo à economia circular – A LR fomenta a transição para uma economia circular, em que os produtos são projetados para serem recuperados, reutilizados e reciclados, diminuindo a dependência de recursos finitos.
- Compartilhamento de recursos – Modelos de negócios baseados em LR, como o aluguel e a recompra de produtos, promovem o compartilhamento de recursos, reduzindo a necessidade de produção excessiva.
- Cumprimento de regulamentações ambientais – Empresas que adotam práticas de LR estão mais aptas a cumprir regulamentações ambientais, promovendo responsabilidade social e ambiental.

Capítulo 2

Questões para revisão

1. b
2. a
3. d
4. As principais vantagens competitivas da LR para as empresas são: conscientização do consumidor sobre as implicações ambientais e sociais; benefícios econômicos e redução de custos; sustentabilidade ambiental, redução do impacto ambiental e preocupações com as questões ambientais; apoio governamental; responsabilidade social corporativa aprimorada; aumento da satisfação do cliente; compromisso da alta administração; uso reduzido de matérias-primas frescas; demanda do cliente de produtos verdes; conhecimento do lucro potencial da recuperação de componentes no fim de sua vida útil; aumento da lucratividade; gestão adequada de resíduos e reciclagem; redução do consumo de energia; oportunidade de oferecer produtos ambientalmente corretos; barateamento do custo de matéria-prima e custo de fabricação reduzido; redução da pegada de carbono.

As principais barreiras e impeditivos que as empresas encontram na implementação da LR são: baixo comprometimento da administração; falta de políticas econômicas governamentais de apoio ao processo; qualidade heterogênea de produtos devolvidos; incerteza acerca do tempo de devolução do produto; conhecimento e recursos insuficientes em relação à implementação; falta de foco nas questões ambientais; falta de organização e planejamento adequados; política de negócios (política de LR não clara ou não implementada); baixa segurança do sistema de informação; falta de tecnologia e equipamentos adequados; complexidade do processo de LR; falta de infraestrutura; falta de conscientização do cliente em relação à LR; falta de sistemas de medição de desempenho adequados; tecnologia de reciclagem e gerenciamento de resíduos inadequados; falta de sistemas para monitoramento de retorno e coleta dos produtos; aumento dos custos para a empresa em algumas situações; falta de cooperação entre fornecedores terceirizados em relação à LR; falta de especialistas em LR.

5. A LRTP é um provedor terceirizado de LR.

Questões para reflexão

1. Sugestão de resposta: A LR de pós-consumo desempenha um papel significativo na mitigação da pegada ambiental, contribuindo para a redução de resíduos, a preservação de recursos naturais e o estímulo a práticas sustentáveis. Aqui estão algumas maneiras pelas quais a LR de pós-consumo pode auxiliar na diminuição da pegada ambiental:

- Reciclagem eficiente – A LR facilita a coleta e o retorno de produtos descartados, possibilitando a reciclagem eficiente de materiais valiosos. Isso reduz a necessidade de extração de recursos naturais e minimiza a quantidade de resíduos enviados para aterros sanitários.
- Reutilização de produtos – Produtos coletados por meio da LR podem ser recondicionados, reparados e reintroduzidos no mercado, promovendo a reutilização. Isso reduz a demanda por novos produtos e diminui o impacto ambiental associado à produção e ao descarte.
- Minimização do descarte inadequado – A LR ajuda a evitar o descarte inadequado de produtos, especialmente de itens eletrônicos, produtos químicos e resíduos perigosos. Isso protege o meio ambiente contra a poluição e a contaminação associadas a descartes impróprios.
- Redução da emissão de gases de efeito estufa – A coleta eficiente e o tratamento adequado de resíduos por meio da LR contribuem para a redução da emissão de gases de efeito estufa. Isso é particularmente relevante quando se trata da decomposição de resíduos orgânicos em aterros sanitários.
- Economia de recursos – A reintegração de materiais recicláveis à cadeia produtiva economiza recursos, reduzindo a necessidade de novas matérias-primas. Isso preserva ecossistemas naturais e contribui para a sustentabilidade a longo prazo.
- Conscientização ambiental – A implementação da LR educa consumidores e empresas sobre práticas ambientalmente responsáveis. A conscientização resultante pode levar a escolhas mais sustentáveis no consumo e descarte de produtos.

- Atendimento a regulamentações ambientais – A adoção efetiva da LR ajuda as empresas a cumprir regulamentações ambientais, promovendo a responsabilidade ambiental e evitando penalidades associadas ao descarte inadequado de resíduos.

2. A LR de pós-consumo enfrenta diversos desafios que podem impactar sua eficácia. Um dos principais problemas é a falta de uma infraestrutura eficiente para coleta e processamento de resíduos, o que pode dificultar a implementação efetiva da LR em larga escala. Além disso, a conscientização dos consumidores sobre a importância da devolução adequada de produtos e materiais é muitas vezes limitada, o que pode resultar em uma adesão insuficiente à prática da LR. Outra questão crítica é a complexidade da cadeia de suprimentos reversa, que envolve a coordenação de diversas etapas, desde a coleta até a destinação final dos materiais. A falta de padronização nos processos e na legislação relacionados à LR também representa um desafio, pois pode criar obstáculos para a sua aplicação consistente em diferentes regiões e setores. A separação e a classificação adequadas dos resíduos coletados são um problema recorrente, especialmente quando se trata de produtos compostos por diferentes materiais. Isso pode comprometer a eficiência do processo de reciclagem e reutilização. Ademais, a falta de incentivos financeiros claros para as empresas participarem ativamente da LR pode desencorajar a adesão voluntária. A LR também enfrenta o desafio da logística da *last mile*, que compreende a entrega dos resíduos aos centros de reciclagem ou pontos de coleta. Questões relacionadas ao custo e à eficiência nesse estágio podem impactar significativamente a viabilidade econômica da LR.

Capítulo 3

Questões para revisão

1. c
2. a
3. d

4. De acordo com a Resolução n. 1/1986 do Conama, impacto ambiental é:

> *Art. 1º [...] qualquer alteração das propriedades físicas, químicas e biológicas do meio ambiente, causada por qualquer forma de matéria ou energia resultante das atividades humanas que, direta ou indiretamente, afetam:*
>
> *I – a saúde;*
>
> *II – a segurança e o bem-estar da população;*
>
> *III – as atividades sociais e econômicas;*
>
> *IV – a biota;*
>
> *V – as condições estéticas e sanitárias do meio ambiente;*
>
> *VI – a qualidade dos recursos ambientais.* (Brasil, 1986)

5. Diretiva Europeia 94/62/CE.

Questões para reflexão

1. Essa resposta é de cunho pessoal. No entanto, podemos citar a cidade de Curitiba, por exemplo, que implementou o programa "Lixo que não é lixo", o qual envolve a coleta seletiva de resíduos recicláveis. Para obter informações mais atualizadas sobre as iniciativas de sua cidade em relação a resíduos sólidos, recomendamos verificar os *sites* oficiais da prefeitura, de órgãos ambientais ou outras fontes confiáveis locais. Pode ser útil também entrar em contato diretamente com as autoridades locais para obter informações mais recentes e detalhadas.

2. Ainda utilizando Curitiba como exemplo, podemos afirmar que a cidade implementou um sistema integrado de coleta seletiva, de modo a incentivar a separação de resíduos recicláveis desde a origem. Além disso, a cidade dispõe de aterros sanitários e adota práticas de compostagem para resíduos orgânicos. Em 1989, iniciou-se a operação do Aterro Sanitário de Curitiba, localizado ao sul do município de Curitiba, a 23 km do centro da cidade, no bairro da Caximba, entre os municípios de Araucária e Fazenda Rio Grande. Para a escolha do local, a Prefeitura de Curitiba fundamentou-se na legislação vigente à época, em estudos preliminares e normas técnicas operacionais e certificou-se de que o confinamento dos resíduos sólidos seria seguro em termos de controle de poluição e proteção ambiental (Curitiba, 2023).

Capítulo 4

Questões para revisão

1. a
2. b
3. c
4. As principais diferenças entre os modelos de negócios B2B e B2C são as seguintes:

B2B	B2C
• Relacionamento de longo prazo – Baseado em parcerias duradouras e cooperação contínua. • Compras baseadas em necessidades especiais – Envolvem a aquisição de produtos ou serviços específicos para atender a requisitos especializados. • Mercado de nichos específicos – Direcionado a segmentos específicos e especializados do mercado. • Compras em menor escala, com muito valor agregado – Transações envolvem volumes menores, mas com maior complexidade e valor agregado. • Baseado em relações racionais – Relações comerciais fundamentadas em lógica e racionalidade.	• Relacionamento de curto prazo – Geralmente centrado em transações pontuais, com menor ênfase em relações a longo prazo. • Compras baseadas em necessidades básicas – Envolvem produtos ou serviços essenciais para atender às necessidades cotidianas dos consumidores. • Mercado de massa – Voltado para um público mais amplo e diversificado. • Compras em maior escala, com pouco valor agregado – Volumes de transações são maiores, mas os produtos ou serviços podem ter menos complexidade ou valor agregado. • Baseado em relações emocionais – As relações comerciais podem ser influenciadas por fatores emocionais e experiências subjetivas.

5. Agilidade; gerenciamento de estoque; *cycle times*; indicadores de desempenho; posição e presença no mercado.

Questões para reflexão

1. É importante ressaltar que não há um modelo de negócios de e-commerce que seja universalmente o "mais vantajoso", pois a escolha depende de vários fatores, incluindo o tipo de produtos ou serviços oferecidos, o público-alvo, a estratégia de marketing, entre outros. Cada modelo tem as próprias vantagens e desafios. Destacamos a seguir algumas considerações sobre cada modelo.

- B2C (*business-to-consumer*):
  - Vantagens – alcance direto dos consumidores finais, permitindo uma relação mais próxima e personalizada.
  - Desafios – concorrência acirrada, margens potencialmente menores.
- B2B (*business-to-business*):
  - Vantagens – transações em volume, relacionamentos a longo prazo, margens mais substanciais.
  - Desafios – processos de vendas mais complexos, ciclos de vendas mais longos.
- B2E (*business-to-employee*):
  - Vantagens – foco na oferta de produtos ou serviços aos próprios funcionários da empresa, promovendo benefícios e descontos exclusivos.
  - Desafios – limitação do público-alvo em comparação com outros modelos.
- B2G (*business-to-government*):
  - Vantagens – vendas para entidades governamentais, contratos governamentais.
  - Desafios – processos de licitação complexos, requisitos regulatórios rigorosos.
- B2B2C (*business-to-business-to-consumer*):
  - Vantagens – possibilidade de as empresas alcançarem consumidores por meio de parcerias com outras empresas.
  - Desafios – coordenação efetiva entre as partes envolvidas.
- C2C (*consumer-to-consumer*):
  - Vantagens – participação direta dos consumidores, maior variedade de produtos.
  - Desafios – confiança entre os usuários, gestão de transações individuais.
- D2C (*direct-to-consumer*):
  - Vantagens – controle total sobre a experiência e dados do cliente.
  - Desafios – necessidade de construir conscientização de marca e atração de tráfego por conta própria.

A escolha do modelo mais vantajoso dependerá dos objetivos específicos, do mercado-alvo, dos recursos disponíveis e da estratégia geral da empresa. Muitas empresas adotam abordagens híbridas ou evoluem ao longo do tempo, conforme a evolução das necessidades e do ambiente de negócios.

2. Para minimizar ao máximo os custos associados à LR, considerando-se a equação apresentada, as seguintes estratégias podem ser adotadas:

- Custos de processamento ($-$$) – Implementar processos eficientes de triagem e inspeção para identificar rapidamente produtos que podem ser reintegrados ao estoque; utilizar tecnologias como códigos de barras e sistemas de rastreamento para agilizar o processamento.
- Custos logísticos ($-$$$) – Otimizar a gestão de estoque para reduzir custos de movimentação e armazenamento; utilizar estratégias, como agrupamento de devoluções, para otimizar rotas de transporte e reduzir custos logísticos.
- Custo dos créditos/reposições ($$$-$$$$$) – Oferecer alternativas ao reembolso total, como créditos para futuras compras, para minimizar os custos associados a devoluções; implementar políticas claras de troca e devolução para evitar custos desnecessários.
- Depreciação do ativo ($$-$$$$$) – Avaliar a viabilidade de revender produtos devolvidos que estejam em boas condições; considerar estratégias de *marketing* para produtos com depreciação mais lenta.

Além dessas estratégias específicas para cada item da equação, algumas práticas gerais podem ser adotadas para otimizar os custos totais da LR:

- investir em treinamento para equipes envolvidas na LR para garantir eficiência nos processos;
- implementar sistemas de informação integrados que proporcionem visibilidade total da cadeia de suprimentos e LR;
- fomentar a comunicação efetiva com os clientes para entender as razões das devoluções e identificar oportunidades de melhoria. É importante lembrar que a busca por eficiência nos custos não deve comprometer a satisfação do cliente e a qualidade dos processos, pois a reputação da empresa também está em jogo.

Capítulo 5

Questões para revisão

1. a

2. a

3. a

4. A norma ISO 14001:2015 tem como principal objetivo estabelecer os critérios para a implementação de um sistema de gestão ambiental em uma determinada empresa.

5. Produção mais limpa (P+L) significa a aplicação contínua de uma estratégia econômica, ambiental e tecnológica integrada aos processos e aos produtos, a fim de aumentar a eficiência no uso de matérias-primas, água e energia, por meio da não geração, da minimização ou da reciclagem de resíduos gerados em um processo produtivo.

Questões para reflexão

1. Implementar um processo de P+L em uma pequena empresa, como uma estamparia de camisetas, requer uma abordagem estruturada e consciente do impacto ambiental. Apresentamos a seguir uma sugestão para iniciar esse processo:

- Avaliação inicial – Realize uma avaliação abrangente do processo de produção atual; identifique pontos críticos, desperdícios, emissões e áreas de possível melhoria.
- Sensibilização e treinamento – Eduque a equipe sobre os princípios da P+L e os benefícios para o meio ambiente e a empresa; proporcione treinamento específico para a conscientização sobre a redução de resíduos e o uso eficiente de recursos.
- Revisão de materiais – Analise os materiais utilizados na produção de camisetas; considere a possibilidade de usar materiais sustentáveis, como algodão orgânico, tintas à base de água e embalagens recicláveis.
- Otimização de processos – Identifique e implemente melhorias nos processos de produção para reduzir o consumo de energia, água e matérias-primas; considere tecnologias mais eficientes e de baixo impacto ambiental.

- Gestão de resíduos – Desenvolva um sistema eficaz de gestão de resíduos; implemente a coleta seletiva, promova a reciclagem de resíduos sólidos e líquidos e explore parcerias com empresas de reciclagem locais.
- Economia de água e energia – Adote práticas para reduzir o consumo de água e energia na produção, o que pode incluir a instalação de equipamentos eficientes, a manutenção preventiva e a conscientização dos funcionários sobre o uso responsável desses recursos.
- Tintas e produtos químicos – Escolha tintas à base de água ou tintas sustentáveis com baixo impacto ambiental; minimize o uso de produtos químicos prejudiciais e explore alternativas mais amigáveis ao meio ambiente.
- Embalagens sustentáveis – Revise as embalagens utilizadas para o transporte e a entrega de produtos; opte por embalagens sustentáveis e, sempre que possível, prefira embalagens reutilizáveis.
- Certificações ambientais – Considere obter certificações ambientais reconhecidas, como o selo ecológico, para destacar o compromisso ambiental de sua empresa.
- Monitoramento e melhoria contínua – Implemente sistemas de monitoramento para avaliar continuamente o desempenho ambiental de sua empresa; realize auditorias periódicas e esteja aberto a ajustes e melhorias constantes.

Ao seguir essas etapas, sua pequena empresa poderá iniciar uma jornada significativa em direção à P+L, contribuindo não apenas para a sustentabilidade ambiental, mas também para a construção de uma imagem positiva perante os clientes conscientes e a comunidade em geral.

2. Certamente, ao observar as diretrizes da norma ISO 14040 para realizar a análise do ciclo de vida dos produtos comercializados em uma estamparia de camisetas, a sugestão é a adoção de uma abordagem sistemática. Aqui estão os passos detalhados a serem seguidos:

- Definição do escopo – Identificar claramente o objetivo e o escopo da análise. Isso incluiria a seleção dos produtos específicos a serem avaliados, os limites do sistema (da extração de matérias-primas à disposição final) e os impactos ambientais a serem considerados.

- Inventário do ciclo de vida – Coletar dados detalhados sobre o ciclo de vida do produto. Isso envolveria a obtenção de informações sobre matérias-primas, processos de fabricação, transporte, uso do produto e disposição final.
- Avaliação de impacto do ciclo de vida – Analisar os dados do inventário para avaliar os impactos ambientais associados a cada fase do ciclo de vida. Isso implicaria utilizar métodos e categorias de impacto relevantes para quantificar e comparar os efeitos ambientais, como emissões de gases de efeito estufa e consumo de água.
- Interpretação dos resultados – Interpretar os resultados da avaliação de impacto, identificando as principais áreas de impacto e as implicações ambientais do ciclo de vida do produto. Essa etapa também poderia envolver a identificação de oportunidades para melhorias e otimizações.
- Análise de sensibilidade – Realizar análises de sensibilidade para avaliar como variações nas entradas e suposições podem afetar os resultados. Isso ajudaria a entender a robustez dos resultados diante de incertezas.
- Comunicação e relato – Desenvolver relatórios claros e compreensíveis sobre os resultados da análise, destacando as descobertas mais importantes. Essas informações seriam comunicadas a partes interessadas, internas e externas, demonstrando transparência e responsabilidade ambiental.
- Melhoria contínua – Utilizar os *insights* da análise para orientar práticas de melhoria contínua. Isso poderia envolver a reformulação de processos, a seleção de fornecedores mais sustentáveis, a introdução de materiais ecológicos e a busca por métodos de produção mais eficientes.
- Certificação ambiental – Considerar a busca por certificações ambientais reconhecidas para evidenciar o compromisso com a sustentabilidade.

Seguindo esses passos, a estamparia de camisetas estaria em posição de realizar uma análise abrangente do ciclo de vida de seus produtos, identificando áreas de oportunidade para reduzir impactos ambientais e promover práticas mais sustentáveis. Essa abordagem não apenas fortaleceria a responsabilidade ambiental da empresa, mas também poderia ser um diferencial competitivo no mercado.

Capítulo 6

Questões para revisão

1. c

2. d

3. d

4. Custos de fabricação do produto; custos de armazenamento de estoque; custo para enviar itens e parâmetros de envio que é possível oferecer; número de devoluções de produtos, em média.

5. Criar uma política de devolução ou reembolso facilmente compreensível, sem muitas exceções; decidir como lidar com os custos de envio de devolução; ser tolerante na devolução de itens danificados, errados ou que não funcionam; certificar-se de que a política de devolução não reduzirá muito a receita.

Questões para reflexão

1. Segundo Costa (2018), as cinco maiores empresas do ramo de LR no Brasil são as seguintes:

- McDonald's – Desenvolveu uma técnica de LR para reutilizar o óleo de fritura usado em suas filiais no Brasil. Colabora com a empresa Martin Brower para recolher o óleo residual, que é transformado em biocombustível para abastecer os caminhões de entrega.
- HP (Hewlett-Packard) – Criou o programa HP Planet Partners Brasil, permitindo que os clientes agendem a devolução de cartuchos e *toners* usados. Realiza a coleta seletiva gratuita dos materiais devolvidos, processando-os para reutilização na fabricação de novos produtos da marca.

- Natura – Demonstrou preocupação ambiental por meio do *design* ecológico de seus produtos. Implementou um programa de reutilização de resíduos, recolhendo embalagens e materiais promocionais para reciclagem e reutilização.
- Bridgestone – Utiliza o conceito de LR para pneus no fim de sua vida útil. Tritura e pica pneus descartados, reutilizando os fragmentos em solados de sapatos, borrachas, peças automotivas e asfaltos.
- Philips – Estabeleceu, há mais de 30 anos, um programa de recolhimento de lixo eletrônico para reduzir o descarte inadequado. Disponibiliza postos de coleta credenciados para recolher aparelhos eletrônicos, pilhas e lâmpadas, analisando os resíduos para decidir sobre a reutilização ou o descarte.

Essas empresas são destacadas como exemplos positivos de práticas sustentáveis e de LR, contribuindo para a conscientização ambiental e a satisfação do público.

2. Realizar escolhas sustentáveis ao adquirir produtos é fundamental para contribuir para a preservação do meio ambiente e promover práticas mais conscientes. Ao adotarem essas práticas, os consumidores podem desempenhar um papel significativo na promoção da sustentabilidade e na pressão por mudanças positivas na cadeia de produção. Aqui estão algumas maneiras pelas quais você pode fazer escolhas sustentáveis:

- Pesquisa e informação – Informe-se sobre as práticas de sustentabilidade das empresas antes de comprar, consulte *sites*, relatórios de responsabilidade social e certificações ambientais.
- Certificações sustentáveis – Procure produtos com certificações ambientais reconhecidas, como o selo FSC (*Forest Stewardship Council*, ou Conselho de Manejo Florestal), para produtos de madeira, ou o selo orgânico, para alimentos.
- Durabilidade – Escolha produtos duráveis e de alta qualidade para minimizar a necessidade de substituições frequentes, pois itens de longa vida útil reduzem o desperdício.

- Produção local – Dê preferência a produtos locais para reduzir a pegada de carbono associada ao transporte, pois isso também apoia a economia local.
- Embalagens sustentáveis – Opte por produtos com embalagens minimalistas, recicláveis ou compostáveis, evitando produtos excessivamente embalados.
- "Segunda mão" – Considere a compra de itens de "segunda mão" (usados), o que prolonga a vida útil dos produtos e reduz a demanda por novos recursos.
- Consumo consciente – Avalie se realmente precisa do produto antes de comprar, pois o consumo consciente envolve escolher qualidade sobre quantidade.
- Moda sustentável – Prefira roupas de marcas comprometidas com práticas sustentáveis, optando por peças atemporais e de qualidade.
- Produtos recarregáveis/refil – Escolha produtos que ofereçam opções de recarga ou refil para minimizar o descarte de embalagens.
- Economia de energia – Opte por eletrodomésticos e eletrônicos com eficiência energética para reduzir o consumo de eletricidade.
- Alimentação sustentável – Dê preferência a alimentos locais e sazonais, reduza o consumo de carne e escolha produtos orgânicos, quando possível.
- Transporte sustentável – Considere opções de transporte mais sustentáveis, como bicicletas, transporte público ou veículos elétricos.
- Descarte responsável – Certifique-se de descartar produtos de maneira adequada, recicle quando possível e evite o descarte inadequado.

sobre o autor

Rodrigo de Cássio da Silva é graduado em Ciências Biológicas (Licenciatura e Bacharelado) pela Universidade Federal Rural do Rio de Janeiro (UFRRJ), especialista em Planejamento e Educação Ambiental pela Universidade Cândido Mendes (Ucam), especialista em Engenharia Sanitária e Controle Ambiental pela Escola Nacional de Saúde Pública (Ensp/Fiocruz), doutor e mestre em Ciências Biológicas (Biofísica Ambiental) pela Universidade Federal do Rio de Janeiro (UFRJ) – Instituto de Biofísica Carlos Chagas Filho (IBCCF).

Atualmente, é professor adjunto da Universidade Estadual de Ponta Grossa (UEPG), lotado no Departamento de Biologia Estrutural, Molecular e Genética (Debiogem).

Também atuou como coordenador do curso superior em Tecnologia em Gestão Ambiental na Escola Superior de Saúde, Biociências, Meio Ambiente e Humanidades do Grupo Uninter e como membro do Comitê de Ética e do Conselho de Pesquisa da mesma instituição.

Realiza estudos nas áreas de resíduos sólidos, educação ambiental e sustentabilidade, além de desenvolver pesquisas relacionadas à área da ecotoxicologia ambiental.

Os papéis utilizados neste livro, certificados por instituições ambientais competentes, são recicláveis, provenientes de fontes renováveis e, portanto, um meio **respons**ável e natural de informação e conhecimento.

FSC
www.fsc.org
MISTO
Papel | Apoiando o manejo florestal responsável
FSC® C103535

Impressão: **Reproset**